家事でモメない部屋づくり

家事シェア研究家
三木智有

Discover

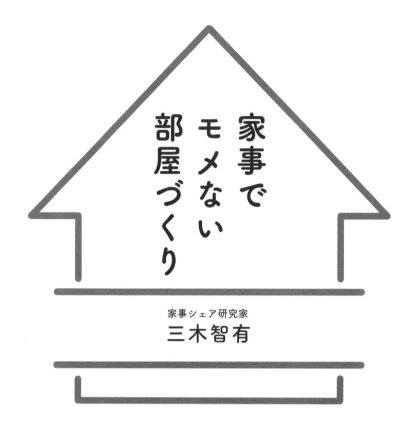

はじめに

突然ですが、あなたの思い描く理想の家庭は、どんな家庭ですか?

この本を手に取ってくださったということは、家事でモメることが多かったり、部屋の使い方に悩まれていたりするのではないかと思います。

たくさん悩まれているということは、その悩みの分だけ、きっと「こんな家庭にしたい」というステキな家庭像を持っているのではないでしょうか。

僕が代表を務めるNPO法人tadaima!では、「10年後、20年後も『ただいま!』って帰りたくなる家庭にしよう」をビジョンに掲げています。

家族全員にとって安心できて、助け合えて、やりたいことができる場所。それが僕たちが考える理想の家庭です。

そんな家庭にするためには、大切なことがふたつあります。

「家族の〝関係〟をしっかり育むこと」
「〝環境〟を家族に最適化させること」

関係とは、家族がチームのように協力し合うこと。つまり家事シェアすることです。誰か一人が大きな負担を強いられている状態は不健全ですし、かといって家族の実力に合わないようなハイレベルなルールをつくっても「心地よい」とは言えないでしょう。家族それぞれが無理なく協力し合うために、話し合って関係性を育むことが不可欠です。

環境とは、家族一人ひとりが自発的に生活を営むことができる状態のこと。つまり、家族が自然に動いちゃうような、らくちんな部屋をつくってしまえばいいというわけです。この環境を最適化するために必要なのが、そう、「モヨウ替え」です。

そこで、ＮＰＯ法人ｔａｄａｉｍａ！では「家事シェア」を広める活動と、子育て家庭のためにモヨウ替えをコーディネートする活動をおこなっています。

モヨウ替えと聞くと、インテリアコーディネートやお片づけサービスを思い浮かべる方もいると思います。

ｔａｄａｉｍａ！も、活動当初はお片づけのサービスをおこなっていましたが、さまざまな家庭のサポートに入るうちに、「家族の生活のなかで生まれるお悩みは、片づけだけでは解決できない」と思い、家全体の使い方を提案するようになっていきました。

モヨウ替えの目的は、家をおしゃれに飾ることでも、収納を見直したり個人の片づけスキルを高めたりすることでもありません。

一番の目的は「家族が自発的に生活できる場に整える」こと。

いまの家の状態をベースにしながらも、もっと家族の理想が叶うように、家と家族との関係をあらためてつくり上げることです。

モヨウ替えをすることで、手間を減らして楽に家事ができるようになったり、言われなくても片づけができるようになったりします。

子どもが安全で楽しく（親にイライラされることもなく！）遊べる空間を用意することもできますし、仕事や勉強に集中する場をつくることもできるようになります。

モヨウ替えは、時間（場合によってはお金も！）がかかり、暮らしに直結すること。だからこそ、家族全員が「自分ごと」として取り組みやすい作業でもあります。

つまり、「関係」と「環境」の改善を一度におこなえる、一番手軽な方法なのです。

この本を読んでくださっているあなたの家庭が、もっともっと「ただいま！」と帰りたくなるお家であるように。そう思いながら書きました。

本を読んで、ひとつでも多くの家庭に笑顔が生まれてくれたら、こんなに幸せなことはありません。

Chapter

0

〝ほどほど〟だって ままならない。子育て家庭の苦悩！

「そこそこキレイ」を維持することすら難しい！

妻・A子の告白

「なんで、片づけても片づけても散らかるのに、また片づけなくちゃいけないんだろう」

リビングに広がるのは地雷のようにまき散らされたブロック。ソファの下からは、いつの間に入り込んだのか、笑顔の人形が顔を半分だけ出してこちらを見ている。足元には、完成間際で放り出されたプラレールが横たわっていた。

やっと子どもを寝かしつけた夜10時。寝落ちしなかった自分を褒めたいところなのに、夕飯の洗い物すら終わっていない現実。洗い物からやるか、目の前のおもちゃをやっつけるか。もはや怒りも悲しみも湧いてこない。無心のまま、ゆっくりと頭だけが回転する。

散らかっては片づけて、片づけては散らかっての繰り返し。そうしないと暮らしていけないことは十分わかっているのに、おもちゃや育児グッズは日に日に増えて、片づけの負担が大きくなる。

ストレスが溜まっているからか、100均に行けば便利グッズを大量購入してしまう。夫には言えないけれど、「うーん、これって本当に必要なんだっけ……」と、あとから思うこともしばしば。

子どもがいない頃みたいにすぐに買いに行くこともできないから、生活用品のストックはネットで購入。オムツやおしり拭きをはじめ、家族それぞれの飲み物や調味料……。「あと少し買ったら送料も無料になるし」と思ってついつい追加で買ってしまうけれど、届いたストック品を収納できる場所などなく、玄関や廊下にあふれかえっている。

いつか子ども部屋にしようと思っていた寝室向かいの洋室は、もはや物置だ。

昔わたしが弾いていたエレクトーンは、「息子が大きくなったらやらせたい」と思ってとってあるし、もう使わなくなったバウンサーやベビーベッドだってある。いつかもうひとり子どもが生まれたら使うかもしれないし、周りに欲しい人もいるかもしれない。

段ボールの中には、クロゼットにしまいきれない子ども服。うちの子よりも少し上の子どもがいる姉から、お下がりを大量にもらったのだ。子育ては予想できないことの連続だから、何かあったときのためにも備えを十分にしておきたい。

「痛い！」

転がったプラレールを踏まないように避けた拍子に、リビングテーブルに足をぶつけてしまった。その勢いで、テーブルの上にあった空のペットボトルがコロコロと音を立てて転がり落ちる。

「まただ……」

イライラしながらペットボトルを拾い、洗い物をするべくキッチンへ向かった。シンクの横には、これでもかと並べられた空のペットボトル。この光景を目の当たりにして、ささくれだった気持ちが針のように尖っていくのを感じる。

3日前、飲んだペットボトルをその場に置きっぱなしにしている夫に嫌気がさして「飲んだら片づけて！」と言った、その成果が「シンクの横に整然と並べられたペットボトルたち」だ。彼にとって片づけるとは、「とりあえず見えない所に置いておくこと」らしい。キャップを外して、中身をすすいで、ラベルを剥がして、潰して捨てる。そうした一連の作業がわたしの言っている「片づける」だとは、残念ながら夫には伝わらない。

夫・B男の告白

「ああ、疲れた…」

残業をなんとか切り上げて、帰宅した夜の23時。家族を起こさないように静かに家に入る。勢いよく「ただいま」なんて言うと、すでに寝ているであろう妻と子に悪いから。

子どもと一緒に毎日早寝早起きなんて、理想的な生活だ。昔は妻もよく一緒に夜更かししたり、ほとんど寝ないで仕事に行ったりしていたんだから、子どもが生まれてからはきっと生活習慣がガラッと改善されたんだろうな。

それに引き替え、相変わらず夜中まで仕事に追われる俺。仕事も子育て家庭向けに少なくしてくれないもんかな。

グチグチ思っていても仕方がない、とにかく家族を起こさないようにそっとリビングへ進む。部屋に足を踏み入れた瞬間、パキッと何かが割れる音と、足に鋭い傷み。思わず漏れた「いてっ！」の声に「気をつけてよ！」と妻の注意が返ってくる。

「おかえり」よりも「大丈夫？」よりも先に、「気をつけてよ」？

気をつけなくちゃ歩くことすらできないのは、なんでなんだよ？　と抗議の声が出かかるが、グッとこらえる。妻も疲れているのだろう。ここで声を荒げるほど、野暮ではない。

それにしても、どうしてこんなにも家が散らかっているのだろう。

だいたい妻は心配性で、なんでもかんでも大量に買いすぎなのだ。洋室につくっていたはずの俺の書斎は、いつの間にか子どもの物と大量のストック品であふれかえってしまった。独身の頃から大切にコレクションしている漫画だって飾る場所もないし、読み直そうと思ってもどのダンボールに入っているかわからない。

この前なんか、せっかく飾っていたフィギュアを息子がおもちゃにして遊んでいた。フィギュアは子どものおもちゃじゃないって、どれだけ言っても誰もろくに聞いちゃいない。ちゃんと飾るための、ガラスの戸棚なんかがあればいいんだよな。今のままじゃ戸棚は入らないけど、買っちゃえば妻だって片づけるかも。片づけさえすれば、戸棚くらい入るんだよな、本当は。

これ以上おもちゃを踏みつけてしまわないように、そーっと避けながら歩く。おもちゃの片づけなんて、10分もあれば終わるだろうに。うちは妻子ともに、片づけが下手なのだ。

こんな状態では、仕事を終えて帰ってきても、家に入るとさらに疲れてしまう。

正直、たまに家に帰るのが嫌になってバッティングセンターに寄る。ささやかなリラックスタイムだ。本当は早く家に帰ってゆっくりしたいのだけど、あれだけ散らかっていては帰っても癒やされない。

最近ではこういうサラリーマンをフラリーマンと言うらしく、世のママたちの間で大炎上している。でもね、無駄に早く帰って妻をイライラさせたくはない。お互いの心の平穏のためにわざわざ時間を潰してあげているんだ。そういう男心が、まったくわかっていないんだろうな。


「風呂入ってくるから、それまでに片づけといてね」

そろそろ洗い物も終わりそうな妻に、優しく声をかける。せめてお風呂上がりには気持ちのいい部屋で過ごしたい。ゆっくりと入って、ちゃんと片づけをする猶予をつくってあげよう。

＊　＊　＊

この2人の話を読んで、どう感じたでしょうか？


「ママは大変だ」

「パパはまったくママの気持ちをわかってない」

「きっと、家はゴミ屋敷みたいなんだろうな」

そう思ったでしょうか。


「あぁ、わが家の話だ」

「うちの夫と一緒」

「物置になった洋室、うちにもある！」

と共感した方もいるかもしれません。


この夫と妻の話は、僕が実際にモヨウ替えコンサルをおこなったお客さまから伺いました。

お互いに家のことで思うところがあり、もどかしさや伝わらなさを感じながら、イライラしている。決して相手のことが嫌いなわけでも、協力する気持ちがないわけでもない。なんとかしたくて、日常生活のなかでお互いが「よかれ」と思うことをやりあっている。それなのに、ゆとりがないせいで少しずつすれ違っていってしまう。

これは、多くの家庭が抱えている課題ではないでしょうか。

事実、僕の講演や講座に来られる方や、モヨウ替えをご依頼くださる方のほとんどが、こうした悩みを抱えています。

この本では、家庭でよく起こっている家事シェアの課題を、お部屋づくりを通して解消していく方法を紹介します。さまざまな事例や考え方、ノウハウをご覧いただくことで、「家事シェア生活」を楽しむキッカケになったら幸いです。

これからの家族は「チーム化」していく

子育て家庭は、専業・共働きに関係なく時間や気持ちのゆとりがない暮らしをしているご家庭ばかりです。先ほどのパパ・ママのように、小さなイライラが溜まってしまうようなこともあるかもしれません。

こうしたゆとりのなさを解消して、「ただいま！」と笑顔で帰りたくなる家庭にする。そのためのキーワードが「家族のチーム化」です。

そして家族をチーム化させるのに役立ってくれるのが、

・家事シェア（関係）
・家族の暮らしにお部屋を最適化させること（環境）

のふたつなのです。

夫婦で押し付け合うのではなく、チームをつくろう

僕はふだん、日本唯一の「家事シェア研究家」として家事シェアの方法を伝える活動をおこなっています。

そのなかで、家事育児を当たり前にシェアしているご夫婦や、父親の家庭参加をうながす活動をしている団体のメンバーとお会いすることも多いのですが、彼らと「家事や家族」の話をすると、必ず〝家族のチーム化〟がいかに大切かという話になります。

「家族の、チーム化？」

聞き慣れない言葉なので、ふしぎに思う方もいるかもしれません。

共働き家庭が6割を超えたいま、「男性は仕事・女性は家庭」という時代はもう終わっています。

「ワンオペ育児」という言葉に代表されるように、妻（夫）ひとりで家事育児を担うことがいかに苦しいかが広まってきましたし、イクメンという言葉も「古い」と言われるほど男性の家事参加が広がっています。

そんななか、「家族」を拡大解釈して、チームとして捉える人が増えてきたのです。

まずメインのチームメンバーは、生活をともにする夫婦や子ども。

「家事育児は妻・ママの仕事」と家事を〝分担〟する意識ではなく、「家事育児は家族の仕事」と〝シェア（共有）〟している意識を持つことでチーム化が進みます。

そして、同居している家族以外に、頼れる人やサービスにも目を向けましょう。

- じいじやばあばといった、同居をしていない家族
- 自動お掃除ロボットや全自動洗濯機など、テクノロジーの力
- 学校や保育園の先生
- 地域のコミュニティ
- 家事代行サービス

これらのリソース（資源）をすべて巻き込んで、家事育児を乗り越えるためのチームにしていくこと、これが「家族のチーム化」です。

実際、わが家も産後の時期（産じょく期）を乗り越えるために、約30人の友人に家事育児のサポートをしてもらっていました。

これは、NPO法人マドレボニータという産後のママ支援をおこなっている団体が推奨している「産じょくヘルプ」という方法で、「出産のお祝いに来てもらう代わりに、おにぎりや簡単なお惣菜を持ってきてもらう」とか、「ママが休めるようにあかちゃんの相

手をしてもらう」といった、ヘルプをお願いするサポートです。

このときに助けてくれた友人たちとは今も仲が良く、交流があります。そして、逆に友人にあかちゃんが生まれたときには、助けに行くような関係を築くこともできました。

しかし、このように家族の力や家族以外の力を借りようと思っても、「引け目を感じてしまって人を家に呼べない」「ママ以外の人には、どこに何があるのかさっぱりわからない」状態では、どんどんチーム化から遠ざかり、ワンオペ化につながってしまいます。せっかく自分が努力して効率化できるように整えたとしても、いざというときに頼れないと、自分の首を絞めることになる。

この状況を避けるためにも、「チームメンバー全員にシェアできる」状態に環境を整える必要があるのです。

では、子育て家庭がチーム化するために必要な住環境とは、どのようなものでしょうか。

モデルルームも、ミニマリストも目指さなくていい

子育て家庭に必要なのは、「家族が協力し合って、子育てしやすい状態に〝わが家を最適化〟させていく」こと。インスタ映えする家にする必要も、ミニマリストのように物がなんにもない暮らしをする必要もありません。

次のページの図をご覧ください。今までたくさんのお家にお邪魔してきましたが、整理整とんの具合はさまざまです。なのに、みんな目指すのは「収納の中までおしゃれ」というレベル。

厳しいようですが、お片づけには段階があり、必ずひとつずつステップアップしていきます。足の踏み場もない状態なのにモデルルーム級の収納術をマネしても、家の快適さを高める効果はほとんどありません。

だからまずは、自分の家の状況を把握して、一段上の状態を目指してください。足の踏み場もない！　という状態だったらまずは床がしっかりと見えるように。床がしっかりと見えるようになったら、テーブルや棚の上をスッキリと。

たったそれだけでも、子育てがしやすい環境に一気に近づきます。とにかくここまでやりきることが大切。それが終わったら、いよいよ仕組みづくりのはじまりです。

あなたのお家はどの状態？

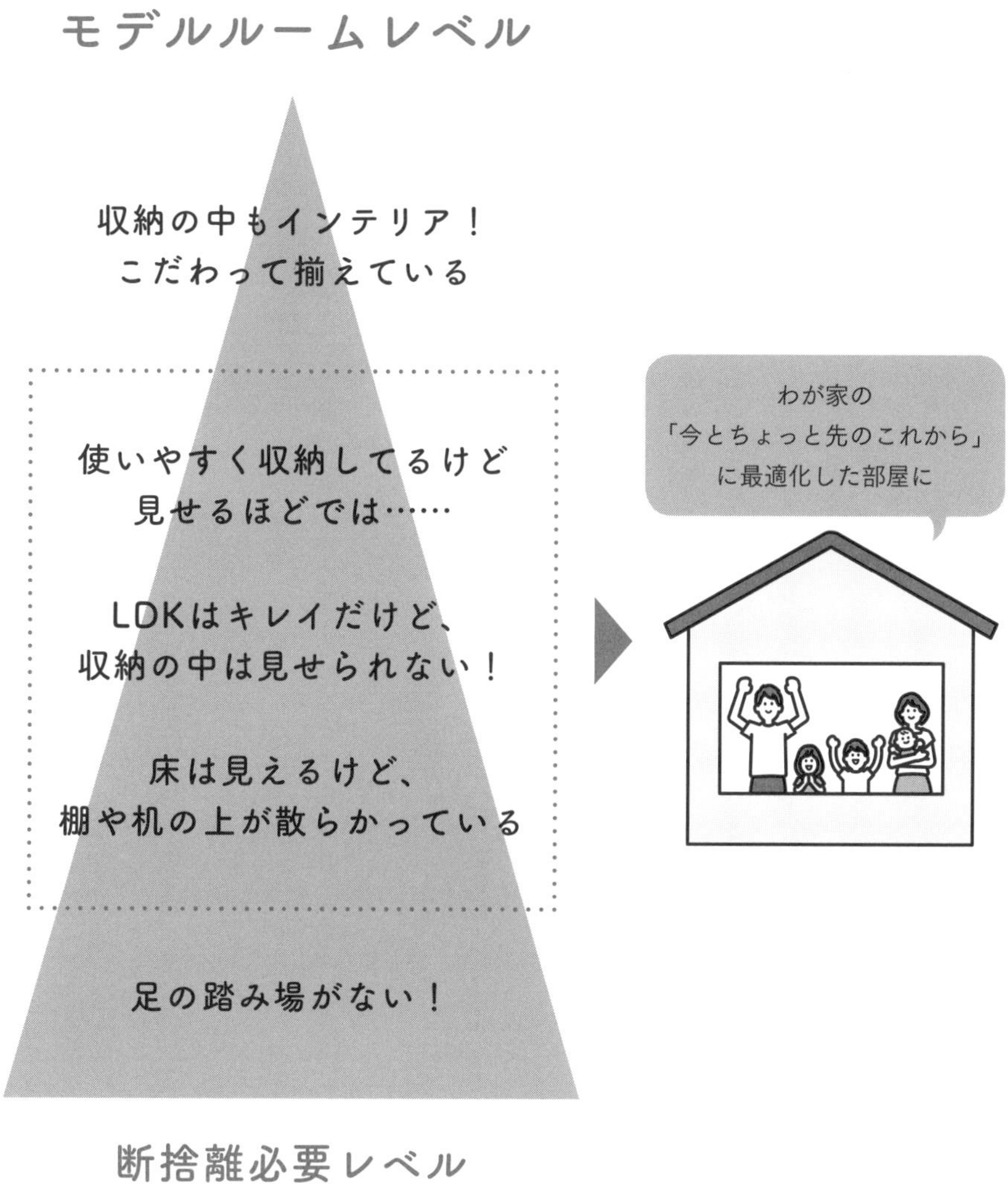
モデルルームレベル
収納の中もインテリア！
こだわって揃えている
使いやすく収納してるけど
見せるほどでは……
LDKはキレイだけど、
収納の中は見せられない！
床は見えるけど、
棚や机の上が散らかっている
足の踏み場がない！
断捨離必要レベル
わが家の
「今とちょっと先のこれから」
に最適化した部屋に

チームの力を発揮するために、部屋づくりをしよう

本書では、さまざまな家事育児の課題を、モヨウ替えによって解消していく方法をお伝えしていきます。

Chapter1では「チーム化で家族のパフォーマンスを最大化させる」をテーマに、家事シェアついてお伝えします。また、子育て中の家庭がなぜこんなにもゴチャゴチャとしてしまうのか、その原因を家事育児の問題、住環境の問題などから探っていきます。

家族のチーム化をいったい何が阻んでいるのか、なぜ家が散らかっていってしまうのか、その原因を知り、まずは原因を取り除いていきましょう。

Chapter2からは、いよいよお部屋づくりのはじまり。家族の理想のお部屋をつくるためのプランニングについてご紹介します。

子育て家庭では、自分の都合だけでモヨウ替えをしても、ひとりよがりで終わってしまったり、家族を置いてきぼりにしてしまったりして、モヤモヤすることもあります。

家族みんなが最高のパフォーマンスを発揮できるようにするためには、コンセプトづくりが欠かせません。この章では、コンセプトのつくり方から、それを実際のお部屋にどのように反映させていくのかをお伝えします。

Chapter3では、これまで多くのご家庭の課題を解決してきた「モヨウ替えのレシピ」を伝授します。モヨウ替えのプロがなぜ初見のお客さま宅でも、すぐに解決策が見つかるのか。それは、たくさんの「モヨウ替えのレシピ」を持っているからです。リビングやワードローブ、キッズルームなど、子育て家庭のお悩みを解決するお部屋の使い方をご紹介します。ぜひ、ご自宅に合わせてアレンジしてください。

Chapter4は、お子さんの成長に合わせたモヨウ替えの事例をご紹介します。子育て家庭は、お子さんの成長に応じて、必要な環境やスペースが変わってきます。どのような変化が起こるのか、どんな環境をつくっていけばいいのか、ご自身の状況に近いご家庭の例があれば、参考にしてみてください。

家族全員が心から安心できて、モメることのない家庭をつくるために、本書が役に立てたら幸いです。

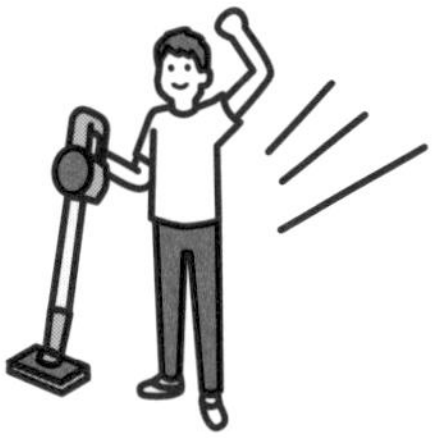

Chapter 2 家族の力が最大化する部屋づくり 手順編

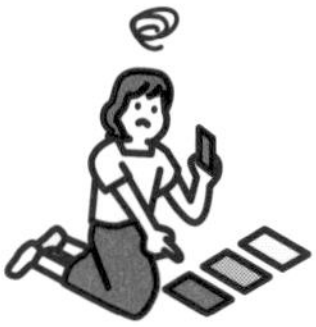

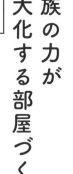

Chapter 3 家族の力が最大化する部屋づくり

モヨウ替えのレシピ

Chapter

1

チーム化で家族のパフォーマンスを最大化させる

家事でモメる原因を明らかにしよう

家事の分担は、一筋縄ではいきません。

「わたしばかり家事をやってるんだから、食器くらい洗ってよ」
「俺だって忙しいんだよ」

なんて、「どっちが大変論争」をしてはいませんか？　この口論はいつまでも終わりのない戦いになりがちですし、お互いを論破した挙げ句、どちらかが疲れて妥協するのが関の山。忘れた頃に再び勃発することもしばしばではないでしょうか。
それもそのはず、こんな口論をしても、家事の不満自体は軽減されないからです。

目指すべきは、「家事の押し付け合い」ではなく「家事シェア」です。
まずは「なぜ家事でモメてしまうのか」を明らかにしていきましょう。

家族が生み出す〝家事のマイナス〟がヤバイ！

「今日はパパが帰ってこないから楽だなあ」

「旦那がいないとごはんも適当でいいね、うらやましい！」


なんて会話が飛び交っていたある日のカフェ。

夫であり、パパでもある僕としてはかなりドキッとしてしまいました。

ただ、思い返してみれば僕がまだ子どもの頃、うちの母も父がいない日は心なしか気が抜けていたような気もします。


夫がいると、ごはんをちゃんとつくらなくちゃいけなくなる。

洗濯物が増える。洗い物や片づける物も増える。


そう思っている方が多いのではないでしょうか？

では、なぜそう感じてしまうのでしょう。次の図をご覧ください。

当たり前と言えるかもしれませんが、夫の在宅時間が長いほど、夫の家事をする時間は長くなります。

この調査によると、夫が7時間以上家にいるときの家事時間は34分間です。

まだまだ日本の男性の家事時間は短いのが現状ですが、注目すべきは下の調査結果。

夫が家事をするとしても、夫の在宅時間が長いほど、妻の家事時間も長くなるのです。

つまり、普通に考えれば、夫が30分家事をしてくれたら、妻の家事時間は30分短くなるはずなのに、なぜか妻の家事時間は短くなるどころか長くなっているということ。

なぜこういうことが起こるのかというと、

・脱いだ後のジャケットをソファの上に放り投げたままにする
・ポケットの中にライターやコインを入れっぱなしで、衣服を洗濯カゴに入れる
・飲んだ後のペットボトルをテーブルの上に出しっぱなしにする

こういったささいなことが積み重なって、妻の家事時間を長引かせています。せっかく夫が30分家事をしても、それ以上に追加の家事が生まれてしまうなんて、あまり想像できませんよね。

夫の在宅時間が長いほど、妻は家事で忙しい

①夫の在宅時間が長いほど、夫の家事時間は長くなる！

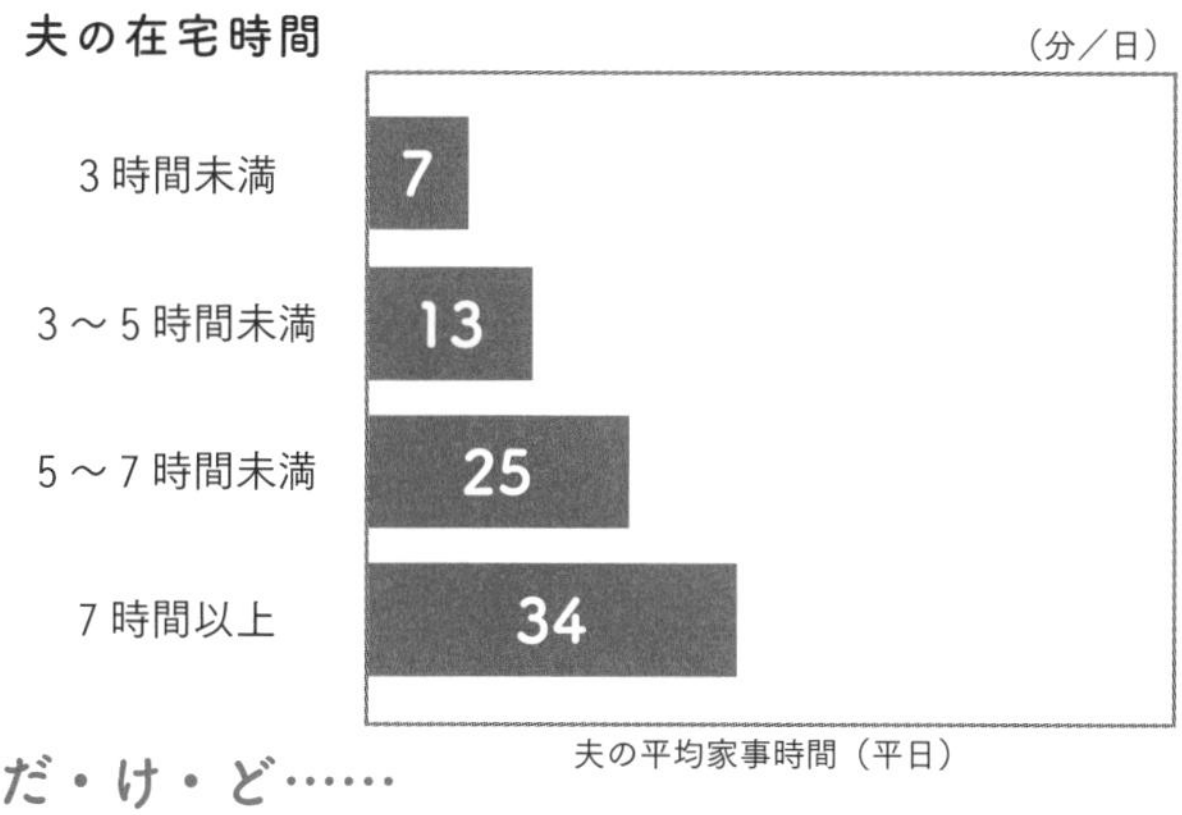

だ・け・ど……

②夫の在宅時間が長いほど、妻の家事時間も長くなる！

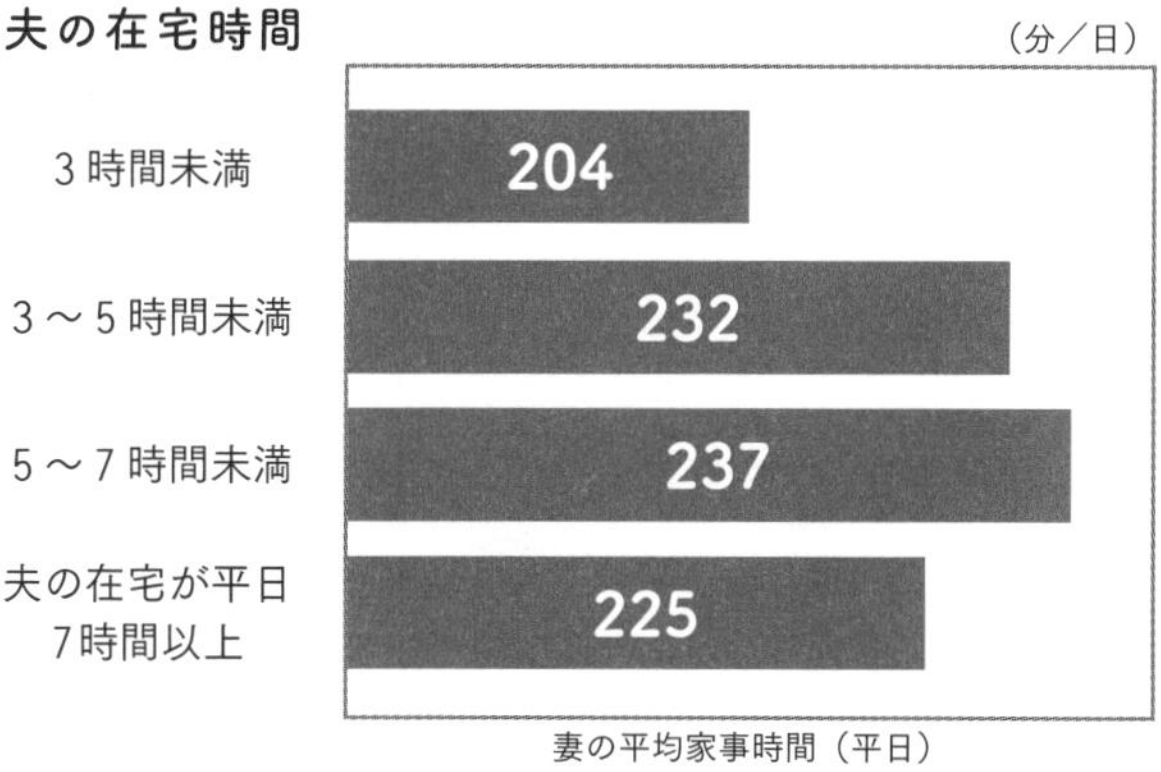

出典：東京ガス「家事分担の意識と現状2011」

家事というのは、その8割ほどが「マイナスになった状態を0に戻す作業」です。散らかったから片づける、汚れたからキレイにする、などがこれにあたります。

残りの2割はモヨウ替えや旅行の計画など、プラスをクリエイトしていく家事です。

次のページの図を見ればわかるように、マイナスが大きければ大きいほど、0に戻す作業も大変になります。

大人だけで暮らしているうちは、まだ余裕があるかもしれません。でも、子どもが生まれると、驚くほど家事が大変になる。その原因はこの「家事のマイナス」にあります。

「うわー！！」ひとりでご飯を食べてくれていると思っていたら、お皿をひっくり返してごはんが全部こぼれた……なんて経験はありませんか。大人だけで食事をしていれば、せいぜいテーブルを拭くだけで済むものが、イスや床、下手をしたら壁やカーテンまで拭くはめに。

そうです、子どもが生まれると、「育児」が乗っかってくるだけでなく、「家事」も倍に膨れ上がるのです。

子どもや夫だけではありません。妻も自分自身でマイナスを増やして、自分でブツブツ文句を言いながら片づけていたりするのです。

「マイナスを0に戻す家事」が8割

20%

0からプラスをつくる家事

・モヨウ替え
・ホームパーティー
・大掃除　　etc…

0

80%

マイナスを0に戻す家事

・日常の掃除
・片づけ
・洗濯　　etc…

小さな「放置」が
マイナスを増やす

- 脱ぎ散らかした靴
- リビングに脱いだままの靴下やジャケット
- 飲み終わったペットボトル
- 食べ終わった食器
- トイレ、洗面所、玄関などの電気
- トイレットペーパーの芯
- 空になった洗剤やシャンプー
- 使い終わったハサミ、文房具

無意識にパートナーの負担を増やしていませんか？

問題はたったひとつ。

「増えたマイナスを解消しているのが常に妻（夫）」という場合が多いということです。

こうした家事のマイナスを増やさず解消していくには「仕組み」が役に立ちます。その仕組みをつくるために必要なのが、家のモヨウ替えです。

仕組みをつくる、ということは「家にいい仕事をしてもらう」こと。

家にしっかりと働いてもらえるようにしましょう！

わが家でも、後に紹介する「仕組み化」を取り入れた結果、ずいぶんと家事のマイナスが少なくなりました。

そして、自分ひとりの手間が省けるだけでなく、家族の協力を促すことにもなったのでした。

夫婦が、家族がチーム化していくことで、いつの間にかお互いが〝欠かせない戦力〟になっています。僕も妻が出張などでいない日は「ごはんは適当に済ませちゃおー」なんて（娘の大好きな）冷凍うどんだけにしたり、お弁当やお惣菜に頼ったりします。

そんなふうに、妻がいなければ、ある程度の手間は省いてしまいますが、お風呂や寝かしつけ、片づけ、翌朝の幼稚園の準備などは、お互いが協力し合いながらおこなうほうがいい。妻がいてくれたほうがはるかに〝楽〟になります。

家族がチーム化することの最大のメリットは「お互いが戦力」であることなのです。

家事は負担？　それとも不満？

お互いに協力できるように、家事をそれぞれ担当しているご家庭も増えています。けれども、ただ分担するだけで家事に対するストレスがすべて消えるわけではありませんよね。ついモメてしまうことも多いのではないでしょうか。

「お願いしたら手伝ってくれるんだけど、なんだかモヤモヤしてしまう」
「せっかく手伝っているのに、イライラされてしまう」
こうしたすれ違いの根底には、家事の負荷に対する認識の違いが隠れています。

じつは、家事育児の負荷の原因は2種類あります。

1つは「負担」、そしてもう1つが「不満」です。

負担とは「手間」のことで、毎日の掃除や食事づくりなどにあたります。この負担に関しては家事代行を活用したりお掃除ロボットを使ったりと、仕組みを変えることでかなり軽減できるでしょう。

でも、いくら自動家電を導入しても、家事代行をフル活用しても、どうにも満たされない思いがあります。それが家事育児の「不満」です。

不満とは、不公平感のこと。

「自動家電を導入しても、メンテナンスはわたしの仕事」

「子どものお迎えとか、いつもわたしだけが時間調整しなくちゃいけない」

「保護者同士のやり取りも、幼稚園の準備も、いつの間にかわたしの仕事になってる」

というふうに、手間の重さだけでなく「全部わたしの仕事になってる」「わたしが言わなきゃ誰も何もしない」などの気持ちが、家事育児の不満へとつながっていくのです。

この不満の原因こそ、パートナーが家事を「自分ごと化」し、主体的に取り組めていないこと＝「パートナーのオーナーシップの欠如」にほかなりません。

このように、家事のモヤモヤは「負担」の軽減だけが原因ではありません。負担が大きくて苦しんでいる人もいれば、不満のほうが辛い人もいます。このように原因を分解することができるだけで、すれ違いへの対処がスムーズになります。

負担と不満はどう違う？

家事育児の
負担

- 片づけるのが面倒
- ごはんを毎食つくるのが大変
- 掃除が面倒くさい

必要なのは…

↓

仕組みづくり

- 家事代行
- 自動家電

家事育児の
不満

- 自分ばっかり時間調整
- 自分がやらなきゃ回らない
- 自分が指示しないと
誰も何もしない

必要なのは…

↓

**パートナーに
ゆだねる気持ち**

- コミュニケーション

**家族のチーム化のためには、
抱え込まずにシェアしよう**

人に頼ったって、いいんです！

そもそも、負担や不満が大きくなってしまうのはなぜでしょうか。

もちろん、もともとの家事の作業量が多いこともありますが、パートナーの仕事の関係などで、どうしてもワンオペに近い状態になってしまうこともあるかと思います。

最近よくいわれる「ワンオペ」化した状態とは、主には妻がひとりで家事育児を担っている状況を指します。僕の周りには主夫も多く、同じようにワンオペ化に悩んでいる人もいます。当然ですが、男女に関係なくワンオペ状態は辛いのです。

「ひとりでがんばらなくっちゃ」と意気込んでしまっている人は、得てして誰かにお願いごとをするのに罪悪感を抱いてしまいがち。

「これくらい自分でやらなくちゃ」

「こんなの、みんな当たり前にこなしてる。自分にできないはずがない」

なんて、ついつい完璧主義になっていませんか。


夫（妻）に頼れないからといって、すべてひとりでやる必要はありません。

家族の一員であるあなたが心地よく暮らすために、周りに頼ることを自分に許しましょう。


僕自身も、周りに頼ることの大切さを痛感するできごとがありました。

わが家は子どもが生まれたばかりの頃、認定ＮＰＯ法人マドレボニータが推奨している「産じょくヘルプ」という試みをして、たくさんの友人たちにわが家の家事育児をサポートしてもらっていました。それにもかかわらず、僕はよき夫・よき父である姿に憧れて、周りを頼ることがほとんどできていなかったのです。


ヘルプは基本的に僕が外出している間に来てもらっていましたが、終了後の報告で「産後なのにいつもキレイですね！」とか、「家を掃除してって書いてあったけど、特にやることがなかったです！」とほめてもらえると誇らしく感じ、大げさに言えば「がんばっている自分」に酔いしれていたのです。自分にプレッシャーをかけては、何でもないフリをして押さえ込み、そのうち寝不足も続き、だんだんと辛くなってきました。

みんなが来るまでに部屋を片づけておけないとイライラしたり。

授乳中の妻にお惣菜じゃない物を食べさせたい、と勝手に自分を追い詰めていたり。

そんなふうにだんだん気持ちにゆとりがなくなってきたとき、友人がこんなことを言ってくれたのです。

「家がキレイすぎ！　もっとサボらないと私たちがヘルプする意味がないし、長丁場を乗り切れないよ！」

僕は愕然としました。いったい何のために産じょくヘルプを頼んでいたのか。もちろん妻子のサポートであることは大前提としても、家族でありチームの要でもある僕自身のゆとりがなくなってしまったら、意味がないのです。

「ごはんをつくるよりも、もっとわたしと娘のそばにいて欲しい」

時期を同じくして、妻からもＳＯＳが発せられました。僕は「よかれ」と思ってがんばっていたつもりでしたが、結局「自分」しか見えていなかったのです。

「よき夫・よき父」でありたいという無意識の思いが強くなって、「チームの全体像」がまったく見えていなかった。だから、自分自身のＳＯＳにも、家族のＳＯＳにも気がつかなかったのです。

その日を境に、僕は無駄に抱えていた「よき夫、よき父像」を投げ捨てました。「僕自身がどうありたいか」ではなく、「家族がどうあるべきか」という家族思考で考えることを意識し始めたのです。

自分ひとりに「家事育児」を一極集中させない。
それが、チーム化のためにはまず何よりも大切なスタンスです。
そうすると、おのずと家の中につくる環境も変わってきます。

「自分にとって使いやすい」ではなく「家族にとって使いやすい」を考える。
「自分にしかわからない」状態ではなく「自分がいなくてもわかる」状態をつくる。

仕事のチームづくりと、基本的には同じです。自分にしかできないという状況の人はエースのように見えますが、チームにとっては大きなリスクでしかありません。専業主ふ家庭だろうと共働き家庭だろうと、情報の共有ができていない環境はリスクなのです。

「やっぱり母ちゃんがいなきゃダメだなぁ」
なんて、母親を称える姿はもはや幻想です。

「母ちゃんがいなくても大丈夫！　あとは俺らにまかせておいて！」
と言える環境こそ、これからの家族のスタイルです。

モヨウ替えでチーム化と家事シェアを加速させよう

モヨウ替えで「家族の対話」を増やす

家族をチームとして運営していく原動力になるのが、どちらか一方が手伝うのではなく、家事育児を協力し合う「家事シェア」というスタンスです。

どのような家族のカタチをイメージするのかによって自分たちに必要な環境も違ってきますが、もっとも有効な家事シェアの手段のひとつが、部屋の「モヨウ替え」です。

そう、モヨウ替えをすることで、家族のチーム化が一気に実現します。

モヨウ替えは、家族が抱える暮らしの課題や理想を、あらためて見える化します。そして、浮かび上がったその課題を解決し、今よりもっと暮らしやすくなるようなルールと環境をつくり出していきます。

モヨウ替えで生まれる作業のなかで、家族間の対話を重ねることが、家族の関係をもっともっと深めていきます。


理想論のように思えますか？

たしかにすべての家族がモヨウ替えをするだけで、何もかも改善されるということはありません。でも、モヨウ替えをきっかけに夫婦で暮らしを見直し、いままでうやむやにしていた気持ちを伝え合い、信頼関係がより深まっていったご夫婦を、僕はたくさん見てきました。

夫婦で深い対話をするには、それなりの理由が必要です。モヨウ替えというのは、暮らしに直結し、お金の問題も含まれるので、「家族ごと化」しやすい。また、生活がより良くなるのが目に見えて、達成感が得やすい。だから、ひとりだけでがんばるのではなく、家族で取り組むことに大きな価値があるのです。


もちろん、夫婦だけではなく子どもも一緒に。

「勉強したあとは、ダイニングテーブルちゃんと片づけておいて」

と一方的に伝えるのではなく、

「ここに棚があったら便利かな？　それとも、自分の部屋に持ち運びできるようなカゴにしたほうがいいかな？」と対話しながら決めていく。

1回ですべてがうまく回るようになることは、ないでしょう。仕組みとルールは、常にアップデートしていけばいいのです。積み重なっていく家族との対話は、けっして無駄にはなりません。

では、家族がチームとして機能し、迷わずに動けるモヨウ替えのための2つのコツをお伝えしましょう。

コツ1 「家族みんながやる」というマインドを持つ

家族みんなが、家をもっと活かすことができるようになるために大切な前提があります。それは「家族はチームである、というスタンスをお互い持つ」ことです。

スタンスとは姿勢のこと。妻・ママ（夫・パパ）だけが「家族はチームだ」と思っていても、お互いが同じようなスタンスでいなければ、なかなか上手くいきづらいですよね。チームのスタンスを家族に浸透させるための鍵は、シェアシップとオーナーシップです。

●「自分でやったほうが早い病」は終わり！　シェア＆オーナーシップを持つ

家事育児の中心を担っている人は、ついつい「自分でやったほうが早いかな」といろんなことを抱え込んでしまいます。ですが、自分で抱え込んでしまっているうちは、家族はチームになっていきません。

チームであるということは、家族みんなが笑顔であることを目指したほうがいいと僕は思っています。もし、いろんなことをひとりで抱え込んでしまい、自分自身が笑顔でいられないとしたら。他の家族がどれだけ楽に快適に暮らしていても、それを僕はチームだとは思えません。

シェアシップとは「シェアをするというあり方」です。それは自分のことも大切にするあり方とも言えます。

もしもあなたが、家のことを抱え込んでしまっているなと思うなら、シェアシップを持つように意識してみてください。自信を持って、引け目を感じずに、家族の助けを借りていきましょう。

一方、「自分は家事育児のサポーター側だな」という人もいるでしょう。その場合、自分

がチームの一員として「オーナーシップ」を発揮できているかどうか、すこし考えてみてほしいのです。

オーナーシップとは、主体的な姿勢のことです。自分のなかでそう思っているだけでなく、チーム家族のみんなにも、その主体性が伝わっているかどうかが大切。オーナーシップを発揮できているかどうかは、課題を「自分ごと」として捉えて話し合いに参加しているかどうかです。

コツ2 「マイルール」ではなく「家族のルール」と仕組みをつくる

シェアシップとオーナーシップを発揮しやすくするためには、「マイルール」を「家族ルール」へと置き換えて、みんなで一緒につくりあげていく必要があります。

たとえば、これまで自分ひとりで築き上げてきたやり方やルール。そこにこだわりが強ければ強いほど、そのルールを「そのまま」相手にも採用してもらいたい。そう思うのは人の常でしょう。

ただ、シェアをするということは、そのマイルールを一度見直して、家族みんなが機能的に動けるように「家族のルール」に置き換えていく作業でもあるのです。

これまで築き上げてきた自分だけの聖域を、崩壊させてしまうような気持ちになるかもしれませんが、家族のチーム化にはそれだけの価値が十分にあります。

「自分しかわからない」は「自分だけで引き受けます」というメッセージです。

いくら口では「シェアしたい」と言っていても、「マイルール」を一切変えないスタンスでは、いつまでたっても本当のシェアはできないでしょう。


そういう僕自身も、結婚当初からルールのシェアができていたわけではありません。自分ではまったく気がつかなかったのですが、妻に言わせれば僕は「そうとう頑固」とのこと。インテリアの仕事をしていたり、料理が好きだったりしたことから、面倒くさいことに家事へのこだわりも強かったのです。

そして、そんな僕の中にある「マイルール」を〝曲げる必要性〟がさっぱりわかりませんでした。


「だって、このほうがキレイになるし、合理的なはず」


この思いはいつの間にか「マイルール＝わが家のルール」という思い込みになっていきました。

しかも、自分の中で当たり前になっているマイルールを、妻に伝えることもありませんでした。言わなくてもわかるはずだと思い込んでしまっていたのです。

たとえば物のしまい場所や、洗濯物のたたみ方。ふだんのやり方を見ていれば同じようにできるはずで、むしろそうならないのは何でなんだろうと思うことも。

ところが、そんなふうに何事においても「言葉にしない」僕に対して妻は、

「わたしはエスパーじゃないから、何でも言ってくれないとわからないよ！」

と、常に僕から言葉を引き出し続けてくれました。

そして「これは、こうすることになったんだね」と僕が言ったことを繰り返してくれることで、さまざまな「マイルール」を、「家族のルール」へと一緒に直していってくれたのでした。

●家族一緒にルールをつくってから仕組みをつくる

たとえば「テーブルにたまりがちな書類を、どうにか散らからないように整理したい」とき、次のどちらのつくり方が、上手に整理できるでしょうか。

少し考えてみてください。

①誰かが仕組みをつくり、そのルールを伝える
②ルールをつくってから、仕組みをつくる

①の場合。
「玄関にゴミ箱を置いたから（仕組み確定）、ポストから取ってきたいらないチラシは、そこに捨てるようにしてね（ルールを伝える・確定）」

②の場合。

妻「ポストから取ってきたいらないチラシは、玄関で捨ててから家に入れば、テーブルに書類が散らかりにくくなると思うんだけど（ルールを提案する）」

夫「え、でも荷物とか持っているから玄関でいちいち捨てるのは面倒くさそう」

妻「テーブルの上で確認してからすぐに捨てるほうがたまらないかな？（ルールを提案する）」

夫「そのほうがいいかも（ルール確定）」

妻「それじゃ、テーブルの近くに書類用のゴミ箱を置くようにしよう（仕組み確定）」

①の場合は、誰かひとりが決めた仕組みを伝えることでルールが生まれます。そして、それを家族が忘れないように守らなければならない、ということになります。

それに対して②は、ルールを提案し合う段階でコミュニケーションが生まれます。今回、夫は「それは嫌だな」と返しましたが「それでいいよ」も含めて、ルールをちゃんと話し合うというプロセスを経て、仕組みを固めることができます。

つまり、家族みんなが動きやすい環境をつくるのなら、僕は②「ルールをつくってから、仕組みをつくる」という方法をおすすめしています。

家族が主体的に動くルールの伝え方

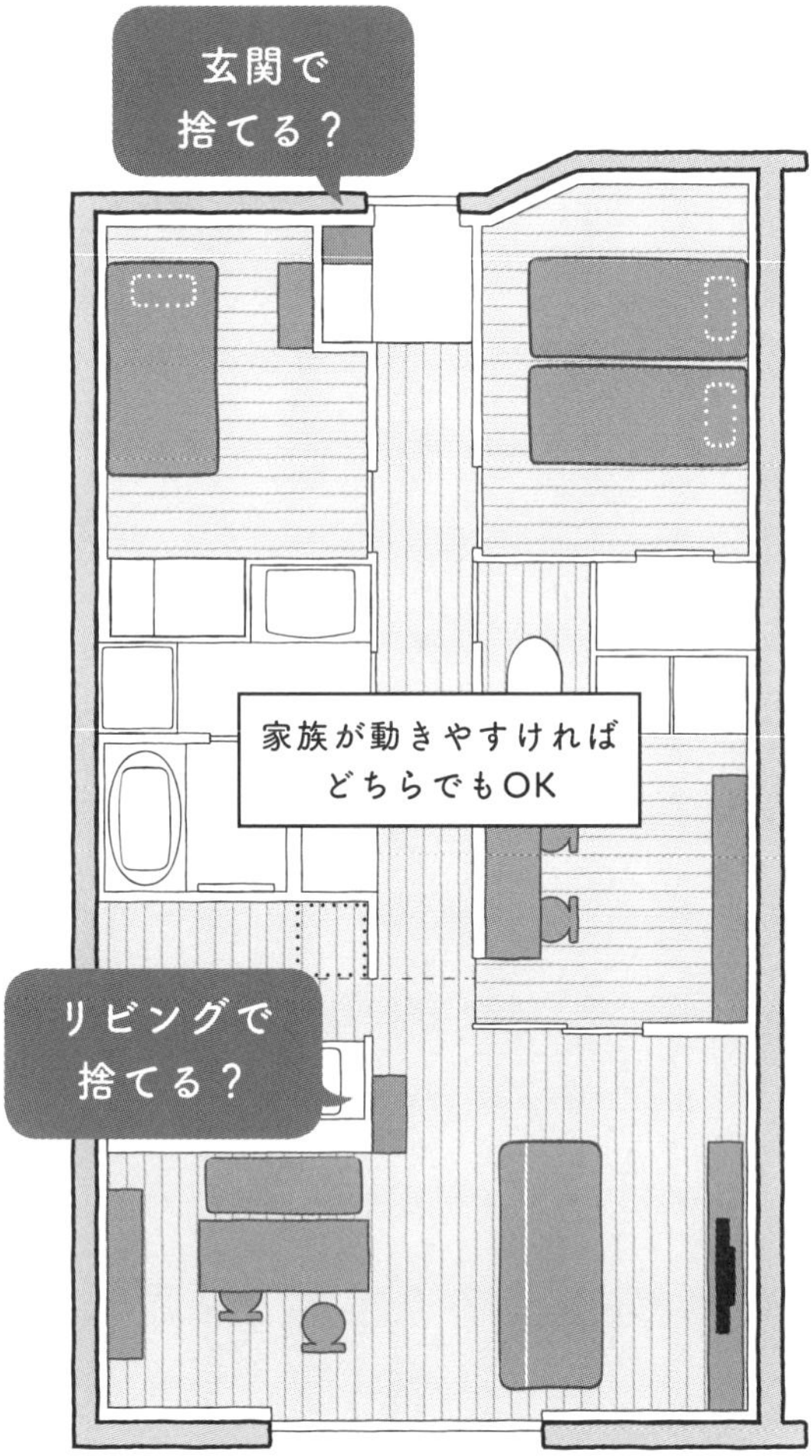

玄関で
捨てる？
家族が動きやすければ
どちらでもOK
リビングで
捨てる？

①仕組みをつくってから
ルールを伝える

玄関にゴミ箱を置いた（仕組み）からチラシをそこに捨てよう（ルール）

捨てづらいな

「やらされ感」が出る

②ルールを伝えてから
仕組みをつくる

チラシをためないように（ルール）、玄関にゴミ箱を置くのはどう？

荷物があるときに捨てづらそうだな

テーブルで確認して、すぐ捨てられたほうがいい？（ルール）

そのほうがいいかも（同意）

テーブルの近くにゴミ箱を置こう（仕組み）

一緒に決めるから「自分ごと」になる

一方的に伝えるのではなく、
ルールを話し合うプロセスを大切にしよう！

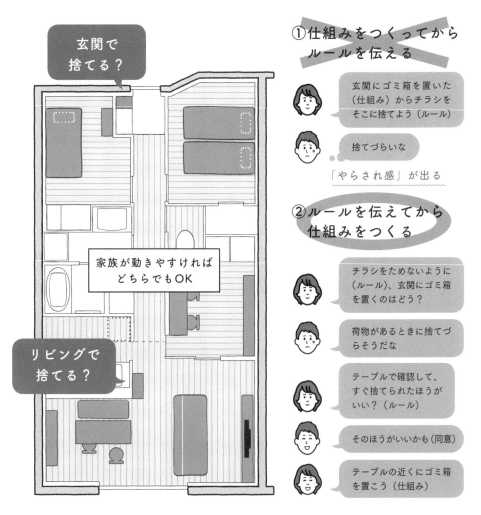

結局のところ、すばらしい仕組みとは、家族で決めたルールを運用しやすくするためにあるのです。これは、このあとにつづく部屋のつくり方にも通じます。

すてきな家具や、上手に家具配置された部屋があるから心地よく暮らせるのではありません。

「こんなふうに過ごしたいな」というイメージを実現させるために、家具を選び、配置するのです。

この順番を忘れないように意識してみてください。それだけでも、手応えのある環境づくりができるようになるはずです。

もうひとつ事例をご紹介します。

「洗濯のあと、ソファの上に山積みになってしまう衣類をどうにかしたい」という課題があるとします。

この場合も「それぞれが自分でしまえるように、しまう場所つくったから（仕組み）、今度から自分でしまうようにしてね（ルール）」とするよりも、「ルールをつくる→仕組みをつくる」のプロセスを経たほうが、家族の主体性を育むことができます。

妻「いつも山積みになる服をどうにかしたいんだけど（課題共有）。自分の洋服は自分で片づけるってルールにしない？（ルールを提案する）」

夫「うーん、でもどこにしまえばいいかよくわからないな（ルールに疑問出し）」

妻「そしたら、このタンスはあなたの洋服入れにしちゃおうか。入れ方はまかせるから自分で好きに入れてくれる？（仕組み提案）」
夫「でも、わざわざ自分の洋服だけ山の中から分けて取るのも面倒くさいし、忘れちゃいそうだな（仕組みに疑問出し）」
妻「じゃ、乾いたあなたの洋服を入れておくカゴを買って、そこに分けて入れておくね（仕組み提案）。そうしたら、そこからたたんでも、そのまま着てもいいから」
夫「いいね、それなら僕もできるよ（ルール・仕組み合意・確定）」

今回の事例のポイントは2つあります。

まず「課題共有」。わが家のルールや仕組みをつくるときに、意外と暗黙の了解にしてしまっているのがこの課題の共有です。

「ソファの上に衣類が山積みになっている」なんて、誰が見ても嫌な課題でしょう、と思い込んでしまうのが落とし穴。家族とはいえ、価値観が同じというわけではありません。

そして、目的は新しい仕組みとルールを採用することではなくて、課題を解決すること。大掛かりな仕組み改善に取り組むなら、この課題共有を欠かさずにおこないましょう。

そして2つめのポイントが「仕組みは事前に考えていてもかまわない」。

さきほどは「ルールを伝えてから、仕組みをつくる」のをおすすめしましたが、必ずしも仕組みは0から一緒に考えなければいけない、というわけではありません。

大切なのは、相手にも「考える余白」を与えることです。

仕組みを先に確定させてしまうと、相手には「考える余白」が残らず、主体性を奪ってしまいますが、やりとりの中で常に革新的なアイディアが生まれるというわけでもありません。特に「自分は服がソファの上にあっても気にならない」なんて、相手が思っている場合。そういったときには、「パパ専用タンスをつくる」「パパ専用衣類カゴをつくる」など、事前にいくつかアイディアを用意しておいてもいいのです。

もし違うアイディアが出てきたら、最初のアイディアに固執せずに、ともに考えていきましょう。

このルールと仕組みづくりも、オーナーシップとシェアシップがなければうまく進みません。

もしあなたが「自分も家事をやる気があるのに伝わらない」と思っているなら、「家事や育児は、家族みんなの課題」として、解決策を一緒に考えるようにすること。ともに課題に向き合う姿は、必ず家族に伝わります。

また、もしもあなたが「自分の家族にオーナーシップを持ってもらいたい」と思っているのなら、一方的に仕組みとルールを伝えるのではなく、ともに課題解決に取り組むように対話しましょう。考える余白こそが、相手のオーナーシップを育んでくれるのです。

実際にどんな家族ルールをつくればよいか悩まれる方は、次のページの「家族ルールのつくり方」を参考にしてみてください。未完了をなくす「担当制ルール」と、お互いに補完する「パラレル家事」。ご家庭の課題や状況に合わせて、対話しながら「家族ルール」をつくりましょう。

ここまでお話ししてきた、チーム化した家族のパフォーマンスを最大化させるコツ。

①「家族みんながやる」というマインドを持つ（対話）
②マイルールではなく、家族のルールと仕組みをつくる

この2つは、この後もモヨウ替えのプランニングやお片づけの手法などで出てくる大切なキーワードです。通常のお片づけ本やリフォーム本には出てこないこうした家族思考こそが「家事でモメない部屋」をつくるポイントです。

家庭に必要なモヨウ替えは、散らかってしまった家をただなんとなくキレイに片づけるのではなく、家族の暮らしのための舞台を家族の手でつくり上げること。

部屋がキレイに片づくこと以上に、家族に変化を生み出すことを意識して取り組めば、ずっと暮らしやすい家ができあがります。

家族ルールのつくり方

家族の課題　未完了をなくしたい

主体性を尊重する
担当制ルール

「○○までに△△を終わらせる」

スタートのタイミングをルールにするよりも、締め切りまでに自由に動けるほうが◎

担当制ルール例	
食器洗い	お風呂に入るまでに、食器を洗う
洗濯物	洗濯カゴがいっぱいになるまでに洗濯する
お片づけ	夜眠るまでに、おもちゃを片づける

家族の課題　忙しさを分担したい

協働をうながす
パラレル家事

「○○してないほうが、△△する」

ともに動くことで家族のチーム感を高めてくれます。

パラレル家事ルール例
料理をしていないほうが、食器を洗う
部屋の掃除をしていないほうが、トイレ掃除をする
ミルクをあげていないほうが、哺乳瓶の洗浄をする

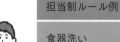

「俺をもっと頼って欲しい！」夫の取説完全版！

結婚したら夫は教育するもの？

ここまで、「人に頼ったっていいじゃない！」とか、「チーム化やシェアが重要だ！」とか、「ルールと仕組みをつくろう！」などとお伝えしてきましたが、なんだかんだ言っても、最大の難関が「夫・パパが前のめりになってくれること」であるのに変わりはありません……。

「うちの旦那さんは、全然家事してくれないのよ～。結婚したら夫は教育しておかないとダメよね～」とボヤいているママさんもいます。

では、本当に夫は「教育」するものなのでしょうか？

中には確かにびっくりするくらいに家事ができないパパがいることも事実です。

脱いだ服をハンガーにかけることができない。

読み終わった書類や本を戻すことができない。

食べたあとのお皿はテーブルに置きっぱなし。

こうした事実だけを見ると「教育が必要だわ〜」と思ってしまうかもしれません。または、よく言われるように「パパはもうひとりの子ども」なのかもしれません。

でも、そんなパパも社会生活をしっかりと営んでいる人がほとんどです。社会に出れば仕事をして、納期を守って、会議をして、給料を得ている。

そうだとすれば「できない」のではなくて「やる必要性を感じていない」だけでしかありません。

日常生活を心地よく過ごすために最低限必要な家事とは、スキルではなく、ほとんどが「ルール」です。

料理でさえも「料理キット（すでに切れている野菜や調味料がセットになっているもの）」などを使えば、スキルではなくルール（晩ごはんの時間は7時半、好きなキット＋汁物にする、など）にすることができます。

一人暮らしのときに家事をできていた人が、結婚をして家事ができなく（しなく）なるのは、このルールがわからなくなってしまうからなのです。

つまり、結婚をしたら必要になるのは、「夫の教育」ではなく「夫婦でわが家のルールを考える」こと。

一方的にどちらかのルールを押し付けるのではありません。ともに合意を得ながら決めていくのです。

「一つひとつルールを決めるなんて、面倒くさい」と思うかもしれませんが、「教育しなきゃ」というのも「ルールを考える」というのも、課題が生じたときの立ち回り方が違うだけ。それほど面倒なことではありません。

「パパが掃除機をかけてくれたけど、隅っこまでちゃんと掃除できてない」というとき、教育のスタンスだと「掃除機は、家具をちゃんとどけてかけるの！」と1からやり方を教える態度になります。これではマイルールの押し付けですよね。

一方、ルールを考えるスタンスでコミュニケーションをとると、「うちでは掃除機をかけるときはイスをテーブルの上にあげて、その下も掃除するようにしない？」と、提案型の伝え方になるでしょう。

言う側もそのほうが角が立たなくて伝えやすいですし、言われる側もずっと受け入れやすい。しかもそのルールの決定について自分にもちゃんと裁量権がある。だからこそ、主体的に覚えやすいのです。

もちろん、提案型ではすべて自分の希望が通るとも限りません。

もしかしたら「いや、イスをテーブルの上にあげるなんて面倒くさい」と反対されることもあるでしょう。

そうしたら「あげなくてもいいから、どけてテーブルの下も掃除する」とか「テーブルの下にゴミや汚れがあればそれを取るようにする」とか、妥協点を探して最低限のルールとしましょう。

それ以上（テーブルにイスを乗せて掃除したい）については、やりたいと思っている人がやるか、外部サービスや便利家電に頼ればいいのです。

家のことに興味がない？　夫・パパの気持ち

モヨウ替えコンサルティングを始めたばかりの頃、ご夫婦を前にダイニングの使い方の提案プランについてお話をしていたときのことです。

このお客さま宅の間取りはキッチンから洗面室へと抜けられる扉があるタイプでした。そのため行き来には便利なのですが、食器棚を置くスペースがほとんどない。

収まりきらない食器や家電類は、ダイニングに置いた食器棚へ収納していましたが、食器棚の前にはテーブルセットもあるため、どうしても使いづらいようでした。

ご提案したのは次の2つです。

①洗面室への扉をふさいで食器棚を置くプラン

②ダイニングの食器棚への動線を確保して少しでも使いやすくするプラン

これらは、お部屋のモヨウ替え全体の優先順位によるものなので、どちらが正解かという話ではありません。

お客さまの暮らしにはどちらがよいか話し合っていたとき、それまで黙って聞いていたパパさんがついに声を発しました。

「ダイニングに食器棚を置かないほうが、広々と座れていいんじゃないの？　別にキッチンから洗面室に行けなくても、ちょっと脇を通れば行けるじゃん」

これを聞いたママさんは、「あなたはどうせキッチンに入ることもないし、キッチンから洗面室に行く便利さもわからないんだから黙ってて！」とピシャリ。

せっかく意見を言ってくれたのに、「じゃあ俺には関係ないから好きにすれば」という感じで、再び黙り込んでしまいました。

本当に、パパには関係がないから黙っていたほうがよかったのでしょうか？

「発言権がない」は「関係ない」につながる

夫婦で意見が違うこと自体は、別に悪いことでもなんでもありません。

ただ「黙ってて！」と発言権を奪ってしまうような言い方をされると、「俺には関係ない」と思ってしまいます。子育てのことでもそうですし、仕事のことについても言えるかもしれません。

長年インテリアの仕事に携わり、たくさんのご夫婦と接してきたなかで、知らず知らず、「家のこと」＝「妻のこと」になってしまっているケースをたくさん目の当たりにしてきました。

食器棚だけでなく、物の収納方法についても、子どものお世話グッズや身支度用品についても、無意識のうちに妻だけで決めてしまっている。

「相談したところで、夫にはわからない」
「どうせわたしが使うのだから、勝手な意見を言われても困る」

などと思ってしまう気持ちはわかります。

でも、その気持ちは必ず相手へと伝わり、ますます家事シェアから遠ざかっていきます。

最終的な決定権はどちらが持っていてもいいのですが、「発言権」は必ずお互いが持つようにしましょう。

先ほど挙げた会話には、2つの注意点があります。

①夫の伝え方

さきほどのご家庭の場合、パパは料理をあまりしないので、キッチンを使う頻度は少ない。それは事実なので仕方がありません。

でも、自分との関係性が薄いことであればあるほど、相手のメリットを考えた上で発言するほうがベターです。

このケースで言えば「洗面室なんてちょっと脇を通ればいけるじゃん」ではなく「食器棚がキッチンにあったほうが、ずっと便利になるんじゃない？」のほうがいい。

②妻の伝え方

やはり「関係ないんだから黙ってて」というような言い方はNGです。

もしも自分と意見が違ってしまった場合、両方のメリットを聞いてみましょう。このケースで言えば、食器棚をダイニングに配置したときのメリットについても聞いてみる。

自分とは違う視点の意見は、たとえ関係が薄いと思っていてもとても貴重なものです。

自分の頭だけで考えるのではなく、相手の頭も使って考える。そうすると、相手の主体性も高まってくるのです。

お互いの「主体性」を高める伝え方

〔食器棚の位置について話すなら……〕

×
家事シェアから遠ざける

「関係ないんだから黙ってて」

×
自分のことだけ考える

「ちょっと脇を通ればいけるじゃん」
「俺には関係ないから好きにすれば」

〇
異なる意見も聞いてみる

「その配置にすると
どんなメリットがありそう？」

〇
相手のメリットを考える

「食器棚がキッチンにあったほうが
ずっと便利になるんじゃない？」

勘違いをしてはいけないのが、これは相手を誘導するのではないということ。あくまでも双方の主体性を高めて、話し合いができることが大切なのです。夫が動いてくれない理由を把握しながら、対話を通して「家族のチーム化」を進めていきましょう。

ここまで、家事シェアとは何かについてお話をしてきました。繰り返しになりますが、家事シェアとは「助け合える家族関係を築くための手段」です。そして、そのための舞台づくりこそがモヨウ替えなのです。

次のChapter2では、そんな舞台をつくる下準備を始めましょう。すぐに家具を動かそうとしてはいけません。まずは「家族の理想」をつめこんだ「モヨウ替えプラン」を立てることが重要です。

Chapter

2

家族の力が最大化する部屋づくり

手順編

理想の暮らしの「モヨウ替えプラン」を立てる

3ステップでプランを立てよう

ここまでは、家族みんなが快適に暮らすための「家族のチーム化」についてお伝えしてきました。家族のチーム化に必要なのは、家事シェアをすること、そしてそのための環境づくりをすることです。

このChapter2では、家族の解消したい課題や実現したい理想を洗い出して、理想的な環境をつくるためのプランニング方法をご紹介していきます。

モヨウ替えを後悔なく進めるためには手順があります。

僕がふだん、お客さまのモヨウ替えプランを考えるときの手順を、なるべく手間をかけず、簡単にできるようにアレンジしたので、ぜひご家族で取り組んでみてください。
理想の暮らしのモヨウ替えプランニングの手順はこの3ステップです。

①コンセプトを考える
モヨウ替えでどんな暮らしを実現したいかというゴールを決めます

②ゾーニングをする
コンセプトをより具体的にするために、お部屋の中を役割ごとに区切っていきます

③コーナーの家具配置を考える
ゾーニングを元に、どこにどんな家具を配置したらいいかを考えます

次に、モヨウ替えをプランニングする上で準備してもらいたいものをご紹介します。

・間取り図：客観的にお部屋全体を見ることができるため、頭の中だけで考えるよりずっとよいプランをつくれます
・ノート：考えたコンセプトやゾーニングなどをメモします
・フセン：課題や理想を書き出してグルーピングしたり、図面に貼ってゾーニングを考えたりするのに使います

準備する物も、極力最小限に抑えました。間取り図については、あれば部屋を俯瞰して

イメージできるのでとても便利です。手元にない場合はノートに手描きしたものでもよいですし、家全体ではなく、各部屋だけを描いたようなものでもかまいません。書き込みやすいように、A4サイズほどの大きさにするのがおすすめです。

「まずは家具屋で家具を見て……」は絶対ダメ！

プランニングの3ステップは順番がとても大事です。

「コンセプトやら、ゾーニングやらちょっと面倒だから、すっとばして家具選びからやろう」なんて思っていませんか？

ちょっと待ってください！

いきなり、しかも新しい家具を選んでは、絶対にダメです。

家具屋に行けば天の啓示を得て、暮らしやすいコーディネートができあがる……なんてことはありえません。それではパズルの完成図を知らないまま、手元にあるピースをくっつけていくようなものです。

「どんな絵になるかは、できあがってからのお楽しみ！」では、家族にとって心地よいモヨウ替えにはなりません。ましてや次のピースの予測だって立てられません。

モヨウ替えプランは、絶対にゴールから考えましょう。

プランニングの3ステップ

STEP 1
コンセプトを考える

STEP 2
各部屋のスペースに役割を与えて区切る（ゾーニング）

STEP 3
コーナーの家具配置を考える

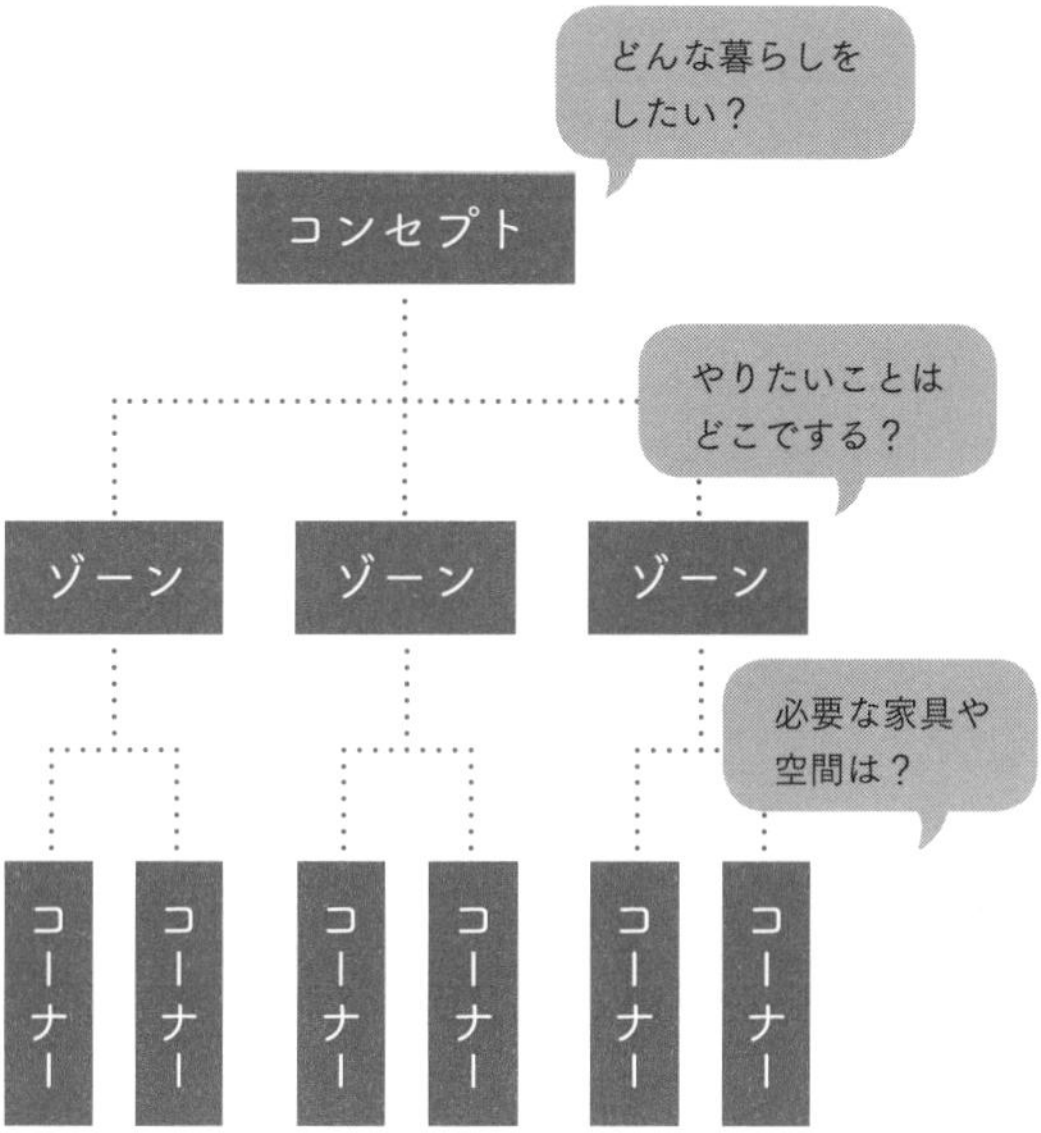

やりたいことはどこでする？

必要な家具や空間は？

準備するもの

間取り図

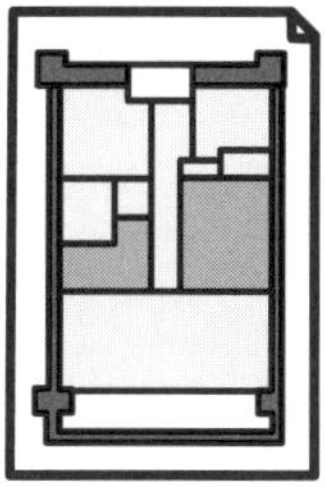

ノート

フセン

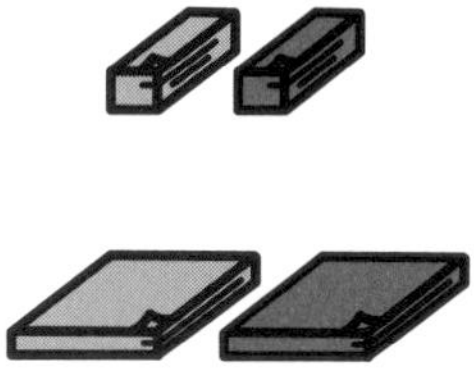

「家族で」「楽しく」
理想の暮らしを描こう！

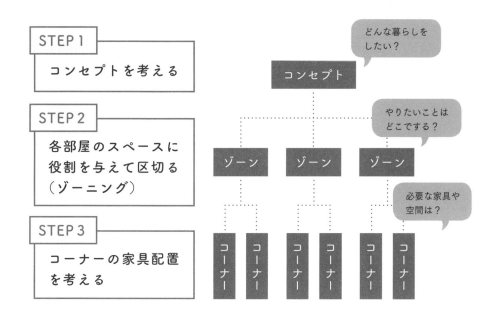

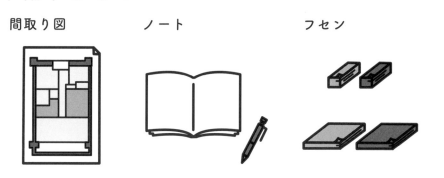

ふだんモヨウ替えを考えるときは、いまの家具配置をもとに「どうやって部屋をよくしようか」と考えていませんか？　でも、それでは現状にとらわれすぎてしまい、自由な発想ができません。それが「（ほぼ無意味な）隙間活用プラン」に落ち着いてしまう原因です。

暮らしやすい部屋をつくるには、いまある家具はいったん「なし」と想定して、頭も間取り図もまっさらな状態からプランニングをします。

そして、できた（いささか非現実的でも）理想のプランをもとに、どうやっていまの家具を活用しながら実現させていくかを考えるのです。こうした考え方を、「バックキャスティング」と言います。

好みにあった素敵な家具を見つけても、斬新で使いやすそうな収納を手に入れてもイマイチしっくりこない。だからインターネットや家具屋を見るたびに便利そうなグッズを増やしては、場当たり的な家具の増改築を繰り返してしまう。

それはずっと、イメージだけで家具を選んだり探したりしていたからです。コンセプトやゾーニングは、言ってみれば「失敗しない家具を選ぶために」すること。

だからまず最初に見つけなくちゃいけないのは、家具ではありません。

「自分や家族が、どういう暮らしをしたいのか」という理想像なのです。

モヨウ替えは
ゴールからイメージする

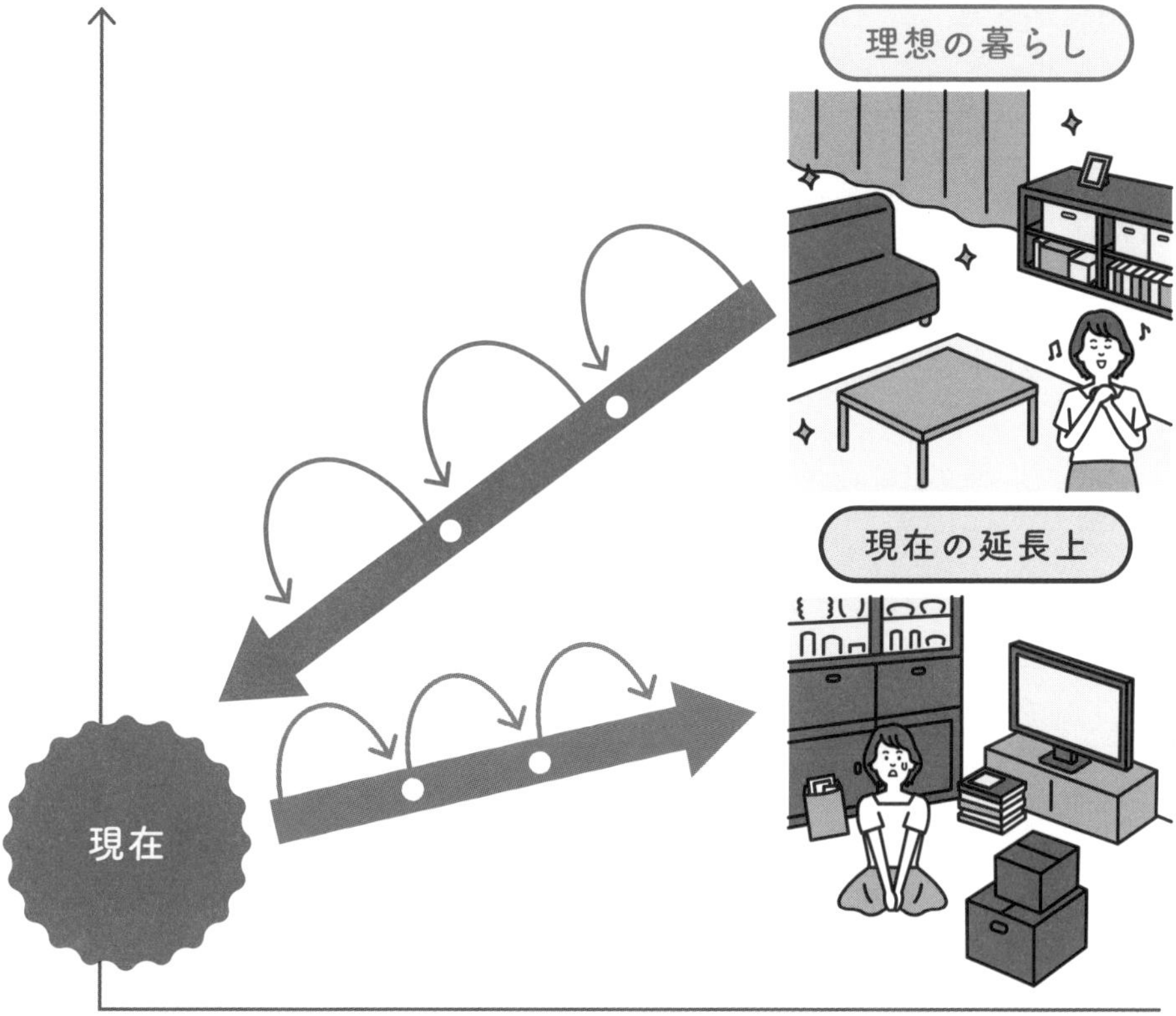

**まずは家具が何もないと想定して
0ベースでプランを立てよう！**

PLANNING

コンセプトが、あなたの家を使いこなす鍵

コンセプトで理想の暮らしを具体化する

「コンセプトを考えるなんてやっぱり面倒くさいな」と思う方のために、なぜ重要なのか、実際にお部屋にどう影響するのかをお伝えしていきたいと思います。

家はどんな間取りであっても、その家族が心地よく暮らすための可能性をたくさん秘めています。それは、マンションでも戸建てでも広くても狭くても言えることです。僕はこれまで数百件の家に出入りしてきましたが、どんな家であっても「この間取りじゃどうしようもないな」となる間取りはありませんでした。

もちろん、間取りによってできることには限りがあります。でも、いま抱いている不満を取り除き、より快適にしていくことは難しくはありません。

そのためには「このモヨウ替えで一番したいこと」を決めなくてはいけません。

それがつまり、コンセプトを定めるということです。

「あなたは何のためにモヨウ替えをしますか？」

この質問に「お部屋が散らかっているから、片づけるため」「片づけないと危ないから」としか答えられないとしたら、もったいない！

たとえばダイエットをするときも「やせたいから」「メタボだから」するのと、「やせてこの素敵なドレスを着れるようになりたいから」「やせることで自分にもっと自信を持てるようになりたいから」というようにダイエットが成功した先の変化を見据えるのとでは、調べる情報やダイエットの方法に差が生まれます。

「とにかく足の踏み場が欲しい！」というのももちろん大切ですが、できた足の踏み場で何をしたいのか、家族にどんな変化が起こって欲しいのかをイメージするのです。

「3歳になる息子が、部屋いっぱい使ってのびのび遊べるようにしてあげたい」

「柔らかいカーペットを敷いて、その上でゴロゴロしながらTVを観たい」

「ソファ以外にもう1つパーソナルチェアを置いて、家族全員がくつろげるようにしたい」……。

モヨウ替えをすることで、あなた自身や、家族みんなにどんな変化が起こるでしょうか。こうした一つひとつの生活のイメージが、コンセプトにつながってきます。では、コンセプトが違うと、家具の配置がどれだけ変わるのかを見ていきましょう。

コンセプトが光るだけで、こんなに部屋は変わる!

同じマンションの、同じ間取りタイプのお部屋に住むお友だちがいる方などは、訪問時に「うちとぜんぜん違う!」と驚かれた経験もあるかもしれません。

家具配置には「この間取りなら絶対にこの配置」という正解はありません。あるのは、「家族の課題や理想をどうやって叶えるか」ということだけ。わが家なりの正解を、どう探すかなのです。

まずはベースとなる左の間取りと家族構成をご覧ください。

特にコンセプトを決めず、持っていた大きなソファを中心にレイアウトすると、だいたいこのような配置になります。ソファの大きさによっては多少配置が変わることもあるかもしれません。

この配置だと、遊び盛りの子どもたちのための、おもちゃ置き場や遊ぶスペースがない

よくあるリビングの配置は悩みがいっぱい！

リビングはゆったりくつろげるように、大きなソファを中心にしたレイアウト。
子ども部屋をつくってもリビングで遊んでしまうので、
あちこちにおもちゃが散らかってしまうことが悩み。

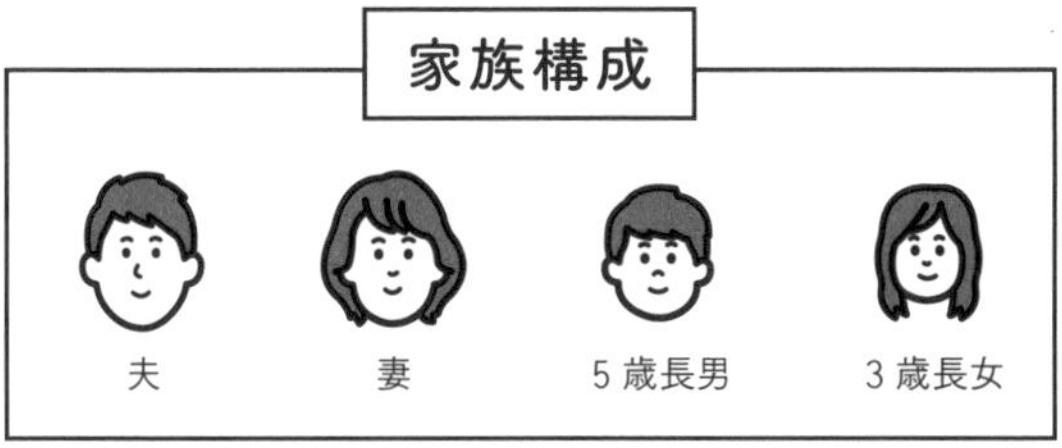

ことが気になります。和室をキッズスペースにすることも考えられますが、小さい子どもは親の視線が届く範囲で遊ぼうとするので、「和室に子どもたちが行きたくなる仕掛け」がないと、結局リビングが散らかることになるでしょう。

このような配置は、お子さんのいないご夫婦や、お子さんが自立した後のご夫婦などには最適です。できれば、よく吟味したこだわりのソファにして、本を読んだり休日のお昼寝タイムを楽しんだりすると、素敵な空間として活かせそうです。

では、この間取りを子育て家庭向けのコンセプトに変えてみましょう。

「子どもがもっとのびのびと遊べるスペースをつくってあげたい！　だけど大人もちゃんとくつろぎたい」という思いを実現させるのが左の配置。

この配置の特徴は、リビングを床座にしたところ。大きなクッション（ビーズクッションがおすすめ）を2つくらいポンポンと配置すれば、お子さんが思いっきり遊べて、かつ大人もゴロリとリラックスできるスペースになります。

また、ダイニングをソファタイプにすることで、ダイニングスペースでもお茶や読書などのリラックスタイムを楽しめるようになります。

リビング収納は大きな壁面収納でもいいですし、テレビボードの両脇に収納棚を置いてもいいです。

リビングの床にタイルカーペットなどを敷けば、防音とリラックスを両方得られます。

コンセプト

キッズスペースを最大化！大人と子どもがそれぞれゆったりできる部屋

家族が抱えている課題・大切にしたいこと

- 保育園に通う兄妹は
  家の中でも元気いっぱい
- おもちゃも散らかるし、
  もっと収納スペースが欲しい！

リビングを床座にすれば、
家族のリラックススペースに！

「よくママ友同士で集まったり、祖父母が遊びに来たりするから、家族もお客さんもくつろげる、風通しのいいお部屋にしたい」という思いを実現させるなら、次のページのような配置になります。

77ページの例ではリビングとしてソファを置いていたほう（向かって左）の部屋に、今度は大きなダイニングテーブルを配置。一方、ダイニングにしていたスペースを床座リビングとして活用しています。

ダイニングテーブルを広いスペースに置くことで、複数人の来客があってもゆっくり過ごしてもらえます。また子どもが遊びそうな床座スペースや和室に目が届きやすいのもメリット。親の視線が届くから、子どもも安心して遊べます。

「こっちがリビングで、こっちがダイニング」という先入観を思い切ってなくしてみることで、家具配置の可能性はさらに広がります。

コンセプト

コミュニティカフェ風！
子育て家族が集まる憩いの部屋

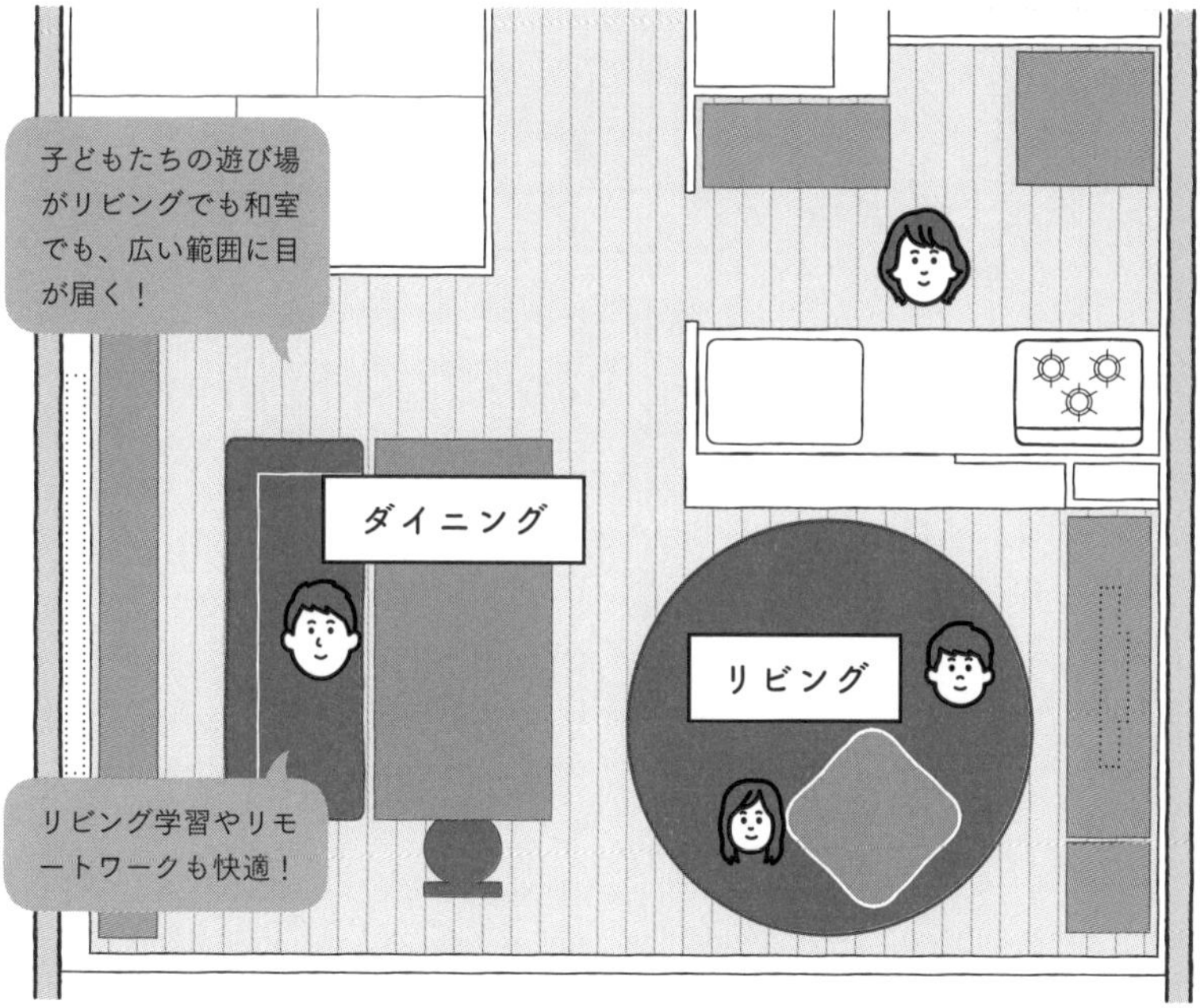
子どもたちの遊び場がリビングでも和室でも、広い範囲に目が届く！
ダイニング
リビング
リビング学習やリモートワークも快適！

家族が抱えている課題・大切にしたいこと

・お友だちや祖父母がよく遊びに来る
・子どもたちが遊べたり、大人もゴロリとリラックスできるスペースがほしい

広いスペースにソファダイニングを置けば、お客さんの居心地もよくなる

「仕事をしていて日中は洗濯物が干せないから、いつも部屋干しになっちゃう。やっぱりソファでくつろげるお部屋にしたい。あとは子どもの成長や家族が増える可能性にも対応できるといいなあ」と、合理的に過ごしたいという希望を叶えるのが左の配置。

ポイントは、ダイニングテーブルを半円形のタイプにしたこと。

よくある家具配置（P75）に比べ、テーブルの後ろがゆったりと開放的になります。そうすると、窓際に天井から吊るすタイプの物干し（ホスクリーン）などを設置することもできます。

共働きで洗濯は夜にしているご家庭も意外と多いですし、季節によっては「花粉がつくから部屋干しがいい」なんて方もいますよね。そんな場合には床に物干しを置くよりも、天井から吊るせるようにしておいたほうが、干していないときの開放感が全然違います。

そしてリビング。大きすぎるソファは部屋を圧迫してしまうので、2〜3人がけのソファ＋オットマンがおすすめ。このオットマンを自由に動かせば、足置きとしても、スツールとしても使えます。

コンセプト

フレキシブルかつ合理的に
共働きの日々を快適に乗り切る部屋

来客にも対応できる
半円形テーブルも便利！
オットマン
物干し（ホスクリーン）

家族が抱えている課題・大切にしたいこと

・共働きで洗濯物は部屋干しが基本だけど、いつも散らかるのがイヤ

・たまに祖父母も来るし、くつろげるリビングとダイニングにしたい

機能的な家具を選べば、
臨機応変に部屋を使える

PLANNING

失敗しないコンセプトづくりのヒント

ここまで読んで、「自分たちなりにコンセプトがつくれそうだぞ」と思われたらＰ92に進んでください。

でももし「とはいえ、もう少しコンセプトづくりに必要なヒントがないとわからない」ということでしたら、ここでそのためのヒントをお伝えしていきます。

ポイントは３つ。

①課題の優先順位をしっかり絞ること
②家族のライフフェーズを見据えること
③家族それぞれの自律と自立を考えること

ポイント1

課題の優先順位をしっかり絞ろう！

「暮らしやすい部屋にするぞ！」と気合いを入れると、アレもコレもと理想や課題が出てきます。ですが、残念ながらすべての希望を叶えるのはなかなか難しい。

・お友だちや親戚を招いて、快適なホームパーティをしたい
・子どもには広々と遊ぶスペースをつくってあげたい
・洗濯物も、リビングで「たたむ」「しまう」を完結させたい
・大きなソファでのんびり過ごしたい
・ちゃんとリビング学習ができる環境を整えてあげたい
・洗面室や玄関収納をどうにかしたい
・趣味の物があふれすぎてどうしようもない　　ｅｔｃ…

こうした思いをすべて叶えようとすると、結局すべてが叶わないもの。希望を大きく膨らませすぎると、やることが膨大になりすぎて、志半ばで断念することにもなりかねません。

そのため、モヨウ替え課題の優先順位は3つ程度に抑えるようにします。モヨウ替えする場所も、それに伴って絞ってしまいましょう。

リビングなのか、子ども部屋なのか、キッチンや洗面室なのか。優先順位を絞ることで、確実に目的を達成させることができるようになります。

モヨウ替えはパズルのようなものです。食器棚をなくせば大きなテーブルが置けるけど、収納場所に困る。そんなことの繰り返しです。このときに、「今回のモヨウ替えでは、〝みんなが作業しやすい環境をつくる〟が最優先だった。食器を減らすか、ほかに作業スペースをつくることはできないかな」というふうに、コンセプトをもとに考えていくのです。

1回ですべてを終わらせる必要はありません。「今回はリビングとダイニングで、次回はキッチン」と範囲を絞って、ひとつずつ理想の家に近づけていきましょう。

ポイント2 家族のライフフェーズを見据えよう

「モヨウ替えのコンセプトは、何を基準に考えたらいいかわからない」
「モヨウ替えはいつするのがいいのか、迷っている」

これらの問いに答えるためにはモヨウ替えのフェーズの変化を知り、わが家の優先順位が何なのかを考えるといいでしょう。モヨウ替えは一度大きく変化をさせてしまえば、後はフェーズに応じてマイナーチェンジを繰り返すだけでよくなります。

特に産前～就学までの数年は忙しく、まとまった時間も取りにくい時期です。こんな時

理想の部屋環境は、子どもの成長とともに変わる！

妊娠期～産後期

ママと赤ちゃんが過ごしやすい準備と家事シェア空間のブラッシュアップ。

未就学期

子どもが自分でお片づけやお手伝いができるようになる仕組みづくり。

就学以降

子どもの学習環境を整える。個室の準備など自立をうながす空間に。

期だからこそ、「ちょこっとモヨウ替え」で乗り越えましょう。

ここではお子さんの成長に応じたお部屋づくりのヒントを3パターン載せておきます。自分たちに当てはまるフェーズを読んで、コンセプト決めの参考にしてください。

●妊娠期～産後期
産前の準備は産後のママのための空間づくり

ママの妊娠期、何よりも大切にしたいのは、生まれてくる子どもと出産で体力を消耗するママの養生です。産後にママが心地よく過ごせる空間を確保するのはもちろん、寝床からあまり動かなくても必要なものが揃う動線づくりが必要になってきます。

そして産後、ママの身体も快復して子どもとの新しい生活にも慣れてきたら、「夫婦のチーム化」に少し視点を向けましょう。家事シェア空間のブラッシュアップです。

家事シェア空間の基本は「夫婦の情報格差」ができるだけ少ない状況をつくり出すこと。産前は夫婦でシェアできていたことも、育休中は「家にいるから」と家事育児がママに偏りがちです。この時期は夫婦の情報共有の徹底を意識しましょう。

□モヨウ替えのヒント

・産じょく期に、ママとあかちゃんが1日中寝たまま養生できる部屋をつくる

・母子手帳などの書類や育児書は、夫婦どちらもわかるよう収納場所を共有
・新生児の育児グッズは、祖父母やシッターさんなど外部の人もわかるよう一箇所にまとめる（棚にラベリングをするのもおすすめ）

●未就学期（保育園入園～就学まで）子どもの「できた！」をうながす空間づくり

お子さんの保育園入園が決まり、育休からも復帰して日常の生活が落ち着いてきたこの時期には、空間づくりの視点をお子さんの成長に向けます。寝返りが始まり、はいはいやつかまり立ちもできるようになり、そして歩き出す。お子さんがゴロゴロとできるようなキッズスペースづくりや安全対策が必要になるのがこの頃からです。自分で走り回ったり、いろいろとおもちゃを出し入れして遊べるようになってきたら、少しずつお片づけをしやすい環境を整えてあげます。

□モヨウ替えのヒント
・子どもが自分でお片づけや身支度の練習ができるように、キッズ収納をつくる
・ぶつかったら危ないところには、カバーなどの安全対策をする
・おもちゃを散らかしても親の心がすさまないでいられるキッズスペースをつくる

●就学以降
学習環境を整え、自立心を育くむ空間づくり

この頃になるとだんだん悩ましくなってくるのが、学習スペースと子ども部屋のこと。就学すると、子どもの持ち物はガラリと変わります。それに伴って、必要な収納スペースや環境も変わってきます。

特に低学年〜中学年はリビング学習が中心になるお宅が多いですが、「ダイニングテーブルがとにかく散らかる！」という課題もでてきます。

また、子ども部屋は子どもにとって居心地のよい空間であると同時に、自立をうながす場でもあります。お子さんの特徴や発達に応じて、お部屋を整えていく準備も重要になります。

□モヨウ替えのヒント
・学習環境や子ども部屋について、親だけではなく子どもと対話しながら決める
・この時期は本が圧倒的に増えるので、本棚などを子ども部屋に準備する
・子どもに焦点を合わせたインテリアから、大人の居心地の良さも取り入れてみる

ポイント3 家族それぞれの自律と自立を考えよう

「ご家族は、自分の物をちゃんと自己管理できていますか？」

そう聞けば、たいていは「まあ、だいたいは……」と答えるでしょう。


家族みんなで家事シェアをするためには、何よりもまず、家族それぞれが「自己管理」できるようになること。家族それぞれが、自分の物は自分で片づける。そのための収納のコツはたったひとつ。

「収納は人別につくる」ことです。


家にある物は3つの所有者に分けられます。

それは「自分の物」「他人（家族）の物」「共有の物」。

共有の物とは、洗剤やトイレットペーパー、食器やキッチン用品などです。

この「共有の物」以外は、すべて各個人の収納スペースをつくって、そこにしまうようにしましょう。衣類や趣味用品、仕事や勉強の道具など、個人の所有物は自分用の収納スペースに、自分でしまうようにするのです。


できていそうで、意外とこれができていないものです。

自分の家の収納を振り返ってみてください。「種類別」になっていたり「人別」になっていたりと、管理方法が物によって混在していませんか？

物の管理は所有者よりも場所単位でおこなわれます。

ちょっと極端に言うと、「夫のハンカチだから夫が自分でしまう」のではなく、「夫しか開け閉めしない引き出しにハンカチをしまうから、夫が自分でしまう」のです。

いろんな物に置き換えてイメージしてみてください。

妻の化粧道具をしまう場所に、夫のヘアワックスは、しまってないですよね。家族みんなが使うペン立てに入れられていた夫の大切な万年筆は、使われてしまっても「そこに置いているのが悪い」って言われませんか?

しまう「場所」というのは、じつはとても強い力を持っているんです。

種類別に分けるのはその後。それぞれが、自分で使いやすくするために分けるのです。

モヨウ替えを通して、家族の自律と自立をうながしたい。そう思うのなら、ぜひ収納スペースを人別に割り当てるようにしてみてください。

家事シェアできる収納のつくり方

書類

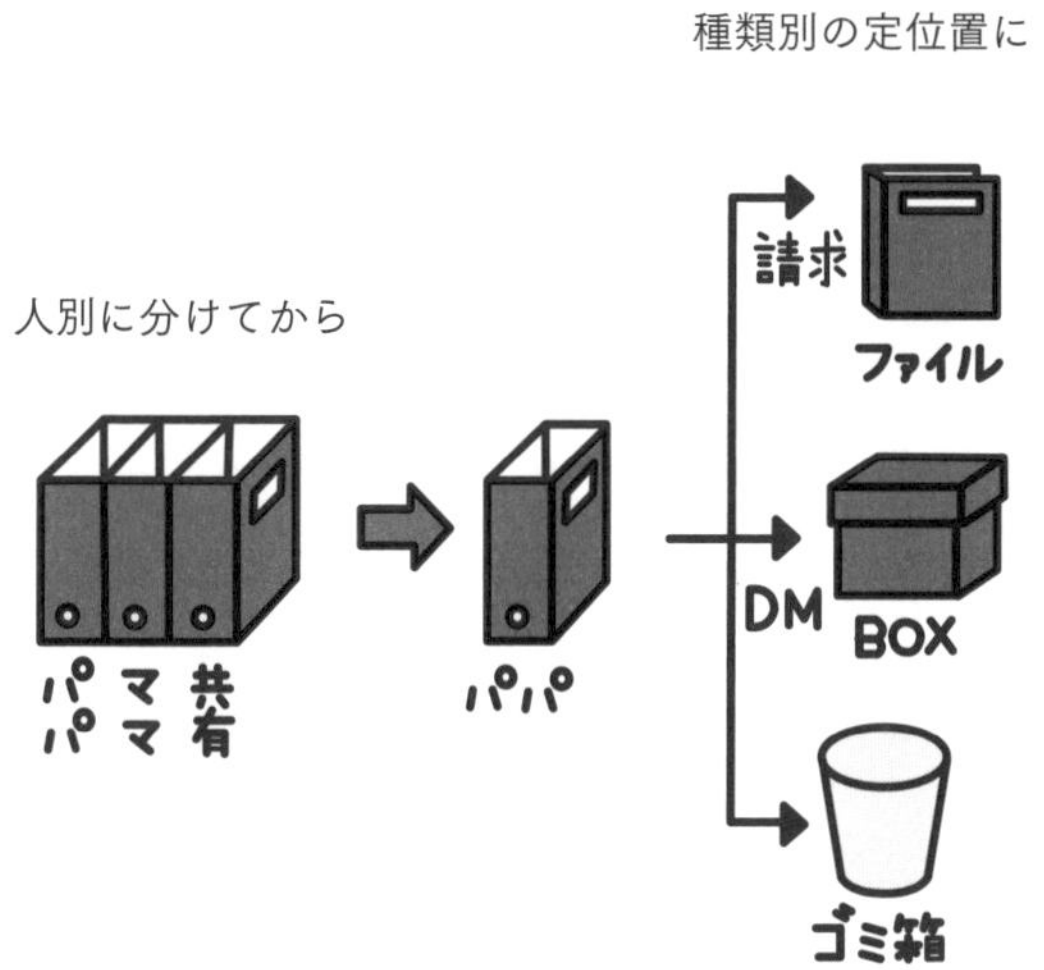

クロゼット

大きく人別にスペースをつくってからそれぞれ使いやすいように種類別に分けて収納

帽子やバッグなども人ごとに定位置をつくろう

PLANNING

家族の理想をつめこんだコンセプトをつくろう！

「モヨウ替え会議」で家族の最適解を考える

では、いよいよ「あなたの家族のコンセプトづくり」に入ります！

子育て家庭のためのモヨウ替えでは、夫婦や家族で取り組むための「モヨウ替え会議」をおすすめしています。

ひとり暮らしではなく、家族で暮らすご家庭にとってのモヨウ替えの鍵は、家族の最適解を実現することにあります。

モヨウ替えコンサルは、9割以上のお客さまが打ち合わせから夫婦そろって参加されますが、まれにご夫婦どちらかのみで参加される方もいます。

そして、モヨウ替えを最後まで実践できるのは、圧倒的にご夫婦がお二人とも参加されたお宅。どちらかのみのご参加では、意思決定がスムーズに行かないことがあるのです。たとえば「夫に確認してから決めます」「僕はこれがいいと思うんですが、妻が反対して て……」など。

モヨウ替えの過程に参加していないほうは、決定事項だけを伝えられると反対することで意思表示をしたくなることもあるのです。

だからぜひ、家族そろってモヨウ替え会議を始めてみてください。

解決したい優先順位が浮かび上がる3つの質問

まずは今回のモヨウ替えで、どういう暮らしを手に入れたいのかをイメージする必要があります。そこで、実際にお客さまにカウンセリングをする際にしている「優先順位を導き出すための3つの質問」をご紹介します。

質問自体はシンプルです。

ポイントは、とにかく思いつく限りたくさん洗い出すこと。

「これは関係ないかもな」などと思わずに、ノートやフセンにどんどん書き出してしまうことが必要です。

【優先順位を導き出すための3つの質問】

①いまの家での暮らしで困っていることは何ですか?
②「どの部屋」を「なぜ」改善したいですか?
③モヨウ替え後は、どのような暮らしをしたいですか?

①と②は「課題感」を導き出す質問です。
①では大きな視点で課題感を考え、②ではそれを部屋別に絞り込んでいきます。
③は「理想」を導き出す質問です。せっかくモヨウ替えをするなら、課題を解決するだけでなく、理想も実現させていきましょう。
では、それぞれの質問をもう少しくわしく説明していきます。

①いまの家での暮らしで困っていることは何ですか?

まずは細かいことは考えずに、思いつくままにフセンに書き出していきます。

「引っ越しが多い」といった、モヨウ替えでは解決できないかもしれない悩みや、「もっと家事シェアできるようにしたい」という暮らしそのものに対する悩みも、どんどん挙げていきましょう。

ここで課題感を自由にたくさん出しておくことで、次の②の質問の答えがより具体的になりやすくなります。

優先順位を導く質問1

いまの家での暮らしで 困っていることは何ですか？

まずは思いつくままに、
困っていることをフセンに書き出しましょう

- 本が多い
- 子どもが自分で管理できるスペースを用意したい
- 夫のために書斎をつくりたい
- ダイニングテーブルの上が散らかって困る
- 夫の服があちこちに散らかっている
- おもちゃが散乱するのがイヤ
- 夫にも子どもの着替えとか手伝ってもらいたい
- ベランダに衣類を干したくない
- ダイニングに裁縫用のミニテーブルがほしい

②「どの部屋」を「なぜ」改善したいですか？

①の回答を元に、どの部屋をなぜ改善したいのかを考えましょう。なんとなく頭の中で「家中」に広がっている課題を「部屋ごと」に絞り込むことで、リビングにはこんな課題がある、洋室にはこんな課題がある、と課題が具体的に整理できるのです。

さらに「なぜ」を深めていくことで、課題の本質が見えてきます。本質的に大切なのは「なぜ」の部分で、「どの部屋」というのは組み換えができることがあるのです。

たとえば左図の事例でいうと、「ダイニングに裁縫用のミニテーブルがほしい」の本質的な希望は「裁縫を再開したい」こと。「ダイニングにミニテーブルを置く」のはそのための手段なのです。

まずはそのことを理解しないと、いつの間にか「ダイニングにミニテーブルがほしい」ことばかりに意識が向いて、「ミニテーブルを買ったんだけど、やっぱりダイニングが狭くなって使いづらい。失敗した！」なんてことも。

もしかしたら「ダイニングテーブルを活用して、裁縫道具をしまえる収納棚を近くに配置」したほうが、ダイニングスペースを広く使えるかもしれないですし、そもそも洋室にそのスペースを持ってくることもできるかもしれません。

「どの部屋」を「なぜ」改善したいですか？

質問①の答えを部屋ごとの課題に整理して、根本的な理由を明らかにしよう

部屋	困っていること	
ダイニング	ダイニングテーブルの上が散らかって困る	ダイニングに裁縫用のミニテーブルがほしい（裁縫を再開したい！）
子ども部屋	子どもが自分で管理できるスペースを用意したい（就学するから環境を整えてあげたい）	おもちゃが散乱するのがイヤ
寝　室	夫の服があちこちに散らかっている（寝室のクロゼットは使い勝手が悪いのかな？）	夫にも子どもの着替えとか手伝ってもらいたい

「なぜ」の深掘りが大切！

必要な部屋や家具は、置き換えられるかもしれません

③モヨウ替え後は、どのような暮らしをしたいですか？

最後の質問は、どのような暮らしをしたいと思っているか明らかにするものです。

①・②の質問にとらわれずに、再びフセンに自分たちの理想を書き出してみましょう。

モヨウ替えをする理由は、気分転換やお子さんの成長などさまざまだと思います。でも、モヨウ替えやお片づけをしていると、いつの間にか「作業」そのものが目的になりがち。

大切なのは「モヨウ替え後にどのような暮らしをしたいのか」です。

そして、この質問こそが、まず取り組むべき場所を改めて示してくれるのです。

たとえば「朝の準備をスムーズに終えられるようにしたい」「お着替えも朝ごはんも、みんなが自分でやったり、お手伝いしたりしてくれるようになるといいのになぁ」と言っていたはずの人が、「玄関収納が気になるから玄関収納を片づけよう」と玄関から作業を始める場合があります。人は案外、新しい情報や店頭にあった家具などに気をとられて、一番大切な部分から目をそらしてしまうのです。

「どのような暮らしをしたいか」は、あなたの中で「どこから取り組むべきか」「どうするべきか」を導き出すための優先順位を決めてくれる質問となるでしょう。

優先順位を導く質問3

モヨウ替え後は、どのような暮らしをしたいですか？

質問①・②にとらわれずに、
「理想の暮らし」をフセンに書き出してみましょう

スムーズに朝の準備が終わるようにしたい

ダイニングテーブルがいつもキレイで、食事も仕事もすぐできるようにしたい

子どもの快適な学習環境をつくりたい

みんなでのんびりリビングで映画を観たりしたい

夫が洋服を散らかさず、自分で出し入れしてもらいたい

夜にゆっくりとゲームを楽しみたい

書斎で仕事や読書をしたい

理想の状態を考えることで、取り組むべき場所が明確になる！

今回のモヨウ替えで着手するものを3つに絞る

さて、家族が希望する暮らしの骨格が見えてきたでしょうか。導き出した課題や理想は、ある程度グルーピングができるはずです。

グルーピングは「リビングの課題と理想」「洋室の課題と理想」など部屋別に分けられるものは部屋ごとに。

部屋別に割り振りしづらい課題と理想はカテゴリ別に分けるといいでしょう。たとえば、子どもの学習環境。リビング学習か子ども部屋かで迷ったら、「子どもについての課題」とひとくくりにして、場所は後で考えます。

そして、可視化された課題と理想を見ながら、今回のモヨウ替えで手をつけるべきものを3つに絞りましょう。ここで優先順位を絞ったからといって、その他をあきらめるわけではありません。しかし、いきなり全体に手を入れるのは大変です。まずは「今回はリビングをなんとかしよう」といったように、達成しやすいゴールを設定しましょう。

課題の解決はパズルみたいなもの。「あっちを改善したら、こっちが物であふれちゃった！」というように、課題がアチコチに移動していきます。それを最小限に収めるためにも、優先順位は少なめに抑えることが大切です。

グループピングして
モヨウ替えの優先順位を決める

① ダイニング

ダイニングテーブルがいつもキレイで、食事も仕事もすぐできるようにしたい

ダイニングに裁縫用のミニテーブルがほしい

② 洋　室

夫が洋服を散らかさず、自分で出し入れしてもらいたい

ベランダに衣類を干したくない

子どものこと

夜にゆっくりとゲームを楽しみたい

③ 子どもの快適な学習環境をつくりたい

部屋単位ではなくピンポイントでもOK

リビング

みんなでのんびりリビングで映画を観たりしたい

本が多い

実現可能で、特に大事にしたいことを3つに絞って今回のモヨウ替えのコンセプトをつくろう

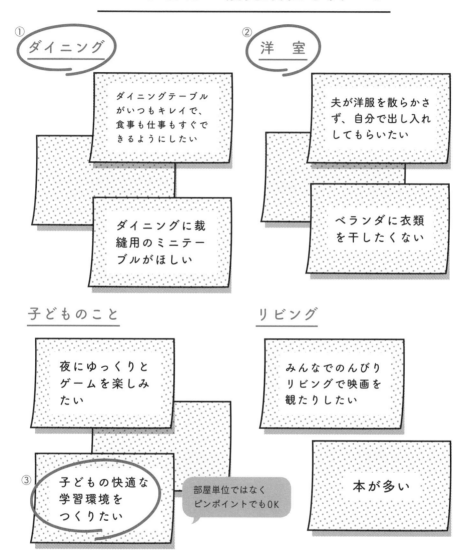

コンセプト名は「ワクワクする暮らし」を思い描くように

家族の理想や課題を洗い出して整理して、今回取り組みたい箇所を3つに絞れたら、コンセプトづくりはあともう一歩。頭の中にたくさん広がっている「理想的な暮らし」を、言語化しておきましょう。仕上げは、ネーミングです。

このときに気をつけたいのは、無機質な言葉を並べてしまわないこと。

・ダイニングを片づける
・洋室の衣類整理
・子どもの学習環境改善

など、タスクのような言葉をただ並べても、コンセプトとは言えません。

コンセプトとは、「自分たち家族はどんな暮らしをできるようになりたいのか」を示す旗のようなもの。この旗のもとに家族が集まり、ゴールを目指すようになるのです。

ここまで、自分たちがいまどういったフェーズにいるのかを見定め、優先順位を絞ってきました。それを家族のワクワクする暮らしを思い描くような言葉で表現しましょう。

・〇〇な部屋
・〇〇な暮らし

と、「お部屋」や「暮らし」を最後につけることで、なんとなくタスクのようだったものが、未来を描く言葉へと変わっていきます。P77〜81の事例で示したように、

・キッズスペースを最大化！　大人と子どもがそれぞれゆったりできる部屋
・コミュニティカフェ風！　子育て家族が集まる憩いの部屋
・フレキシブルかつ合理的に、共働きの日々を快適に乗り切る部屋

など、何のためのモヨウ替えなのかがハッキリとわかるコンセプト名がおすすめです。
他にも、

・あかちゃんが安心して過ごせて、衣類収納に迷わず気持ちよく育児できる暮らし
・子どもたちの自律を育む！　大人も子どもも好きなことに夢中になれる暮らし
・物置化した洋室の大改革で、子ども部屋とゆったりリビングがある暮らし

など、実現したい暮らしをコンセプト名に盛り込みましょう。抽象度は高くなりますが、自分たちがこの家でどういった暮らしをしたいのかが、イメージしやすくなります。

PLANNING

どこで何をする？スペースの役割を決めるゾーニング

コンセプトを具体化して、空間をデザインしよう

コンセプトができたら、間取り図を見ながら「どんな部屋にしようかな」と考えていきましょう。プランニングの手順の２つ目は、Ｐ67でお伝えしたように、「ゾーニングを考える」でしたね。

コンセプトは、ただすてきな言葉を思い描くだけでは大した意味はありません。それを具体的な家具配置や家具選びに反映させることができて、初めて意味があるのです。

このコンセプトを家具配置に反映させるためのファーストステップが、「ゾーニング」という作業になります。

ゾーニングとは建築用語で「空間を区切る」こと。
そう聞くと少し難しそうですが、僕はもう少しライトに「スペースに具体的な役割を与えてあげること」と解釈をしています。

具体的な役割とは「子どもたちがのびのびと遊べて、大人もゴロゴロとリラックスできるスペース」というようなイメージ。その後でそれを実現させるための具体的な家具の配置や、家具選びをします。

「のびのびと遊ぶ」には、どのくらい空間が必要かな？
もしかしてソファは無いほうがいいかな？
おもちゃ箱は近くにあったほうがいいかな？
「大人がゴロゴロする」にはソファでいいかな？
ラグにクッションのほうがゴロゴロできるかな？　と。

こうしてデザインされた空間は「子どもたちがのびのびと遊べて、大人もゴロゴロとリラックスできるスペース」であるという「役割」を与えられるのです。

家やスペースにちゃんと役割があり、その仕事をこなすための家具が配置されている。
だから、暮らしやすい部屋になるのです。

これまでは個々があいまいになんとなく使っていたスペースや収納に、意味が生まれる。

ゾーニングとは、スペースの使い方を失敗させないための作業なのです。

「コンセプト」と「間取り」をつなぐ架け橋＝「ゾーニング」

コンセプトとゾーニングには左図のような関係が当てはまります。


コンセプトは、役割を持ったスペース（ゾーン）が集まることで実現されます。

コンセプトだけ決めて、いきなり家具を選んだり配置するのではありません。

「子育て家族が集まる憩いの部屋」にするには
「大人が集まって料理や会話を楽しめるスペース」にプラスして
「子どもたちが退屈しないで遊べるキッズスペース」があるといいな

と、コンセプトを因数分解していくのです。

そうすることで、コンセプトがなんとなくのスローガンではなく、具体的な目標となります。

コンセプトの実現に必要なものはなに？
ゾーンに分けて考えよう

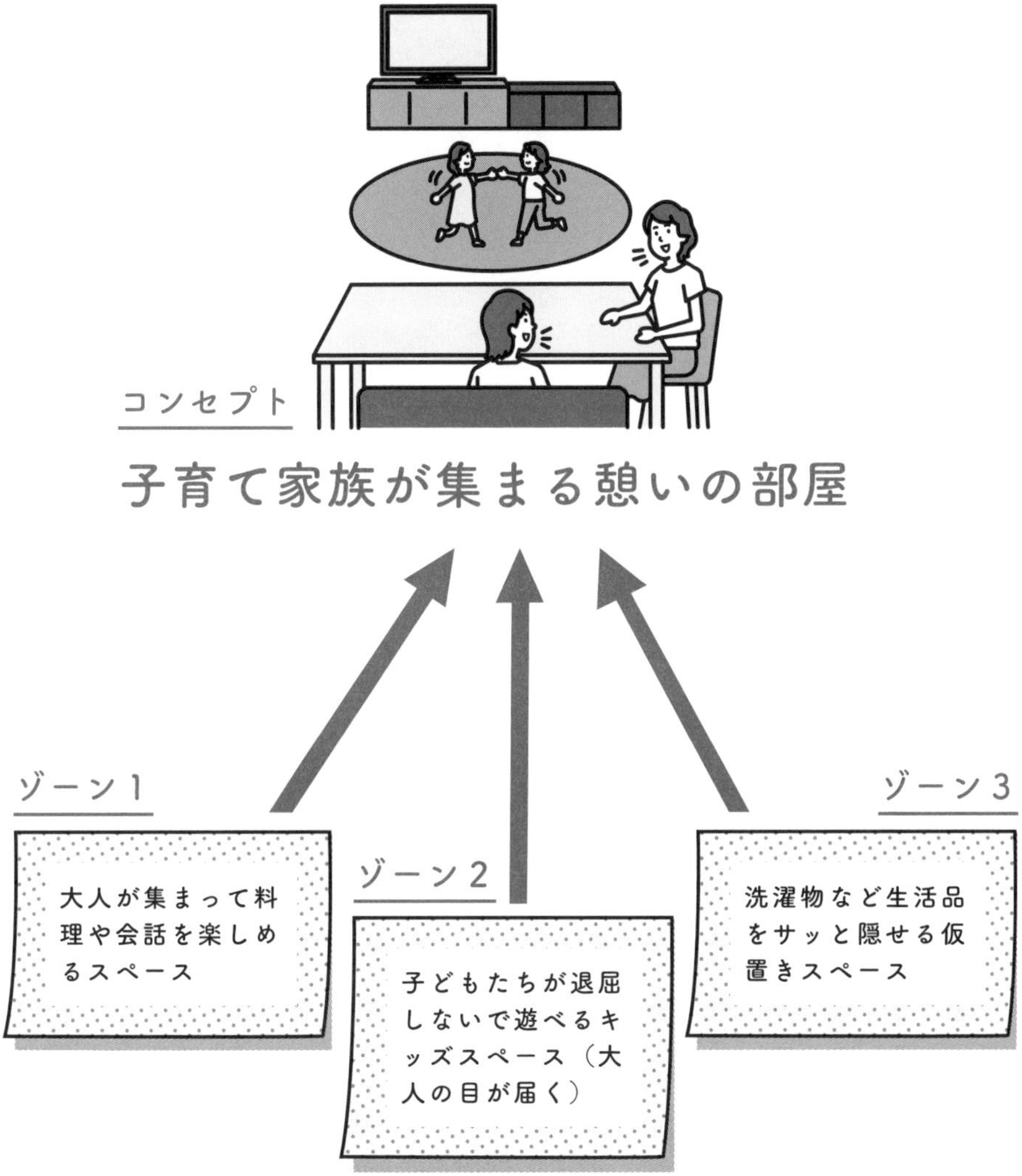
コンセプト
子育て家族が集まる憩いの部屋
ゾーン1
大人が集まって料理や会話を楽しめるスペース
ゾーン2
子どもたちが退屈しないで遊べるキッズスペース（大人の目が届く）
ゾーン3
洗濯物など生活品をサッと隠せる仮置きスペース

コンセプトはゾーンの集まり。
分解することで必要なものが具体的になる！

「家族のリアルな動き」からゾーンを考える

ゾーンを考えるのに大切なのは、自分たちのリアルな動きをイメージすることです。本棚を置く場所、テーブルを置く場所、ではありません。本を読む場所、食事をする場所。と、人の動きで考えます。家具は、人の動きを助けてくれるために置くのです。

やることはシンプル。3つのステップで考えてみてください。

ステップ① その部屋でやりたいこと、やらなくちゃいけないことをフセンに書き出す
ステップ② それを部屋のどの辺りでやるか考えて、用意した間取り図にフセンを貼る
ステップ③ それらをやる場所をグルリと囲ってみる

ステップ①は、コンセプトづくりのときに考えた「やりたいこと」をそのまま使用してもOKです。さらに具体的な動作をイメージしてみてください。

ステップ②は、「それを部屋のどの場所だったらできるかな」と考える作業です。実際にどのくらいのスペースが必要かな、とイメージしながら場所を考えてみましょう。

ステップ③は、フセンを貼ったスペースをぐるりと囲む作業です。なぜ囲むかというと、部屋全体を見ながら「どんな家具を置こうかな」と考えるよりも、小さいスペースに区切ったほうが考えやすいからです。

ゾーンを考える3ステップ

STEP 1　その部屋でやりたいことを書き出そう

STEP 2　部屋のどこでやるか、フセンを間取りに貼りつけよう

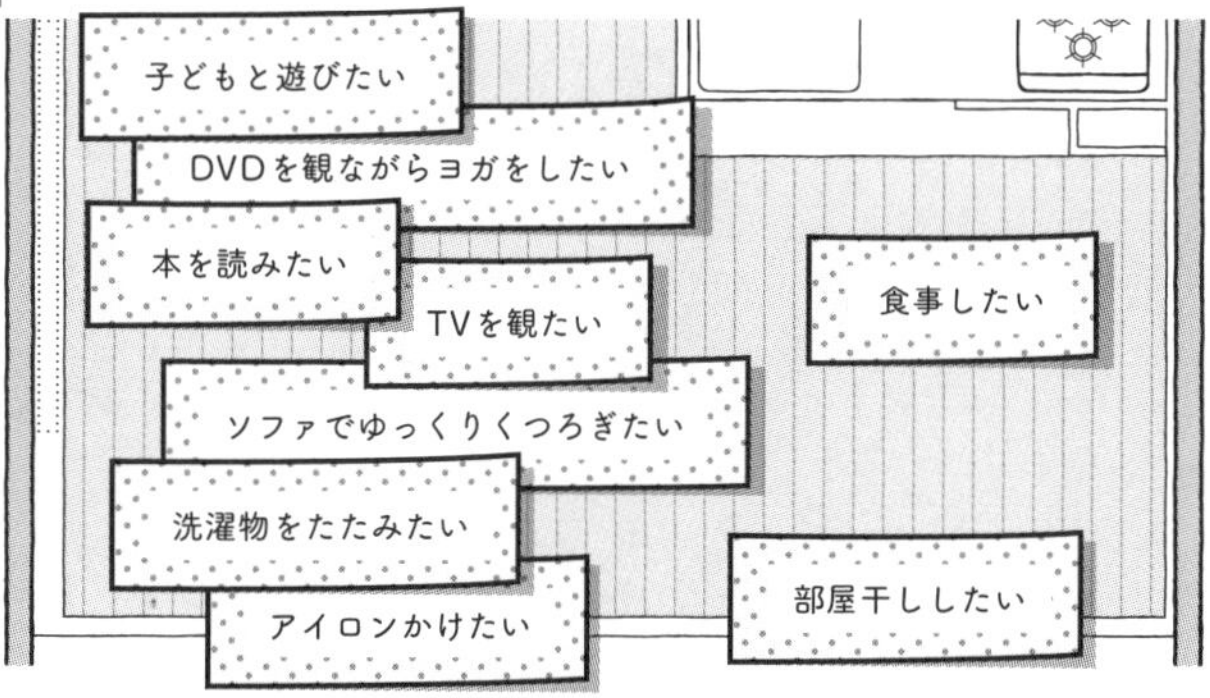

STEP 3　ぐるっと囲んでゾーンを分けよう

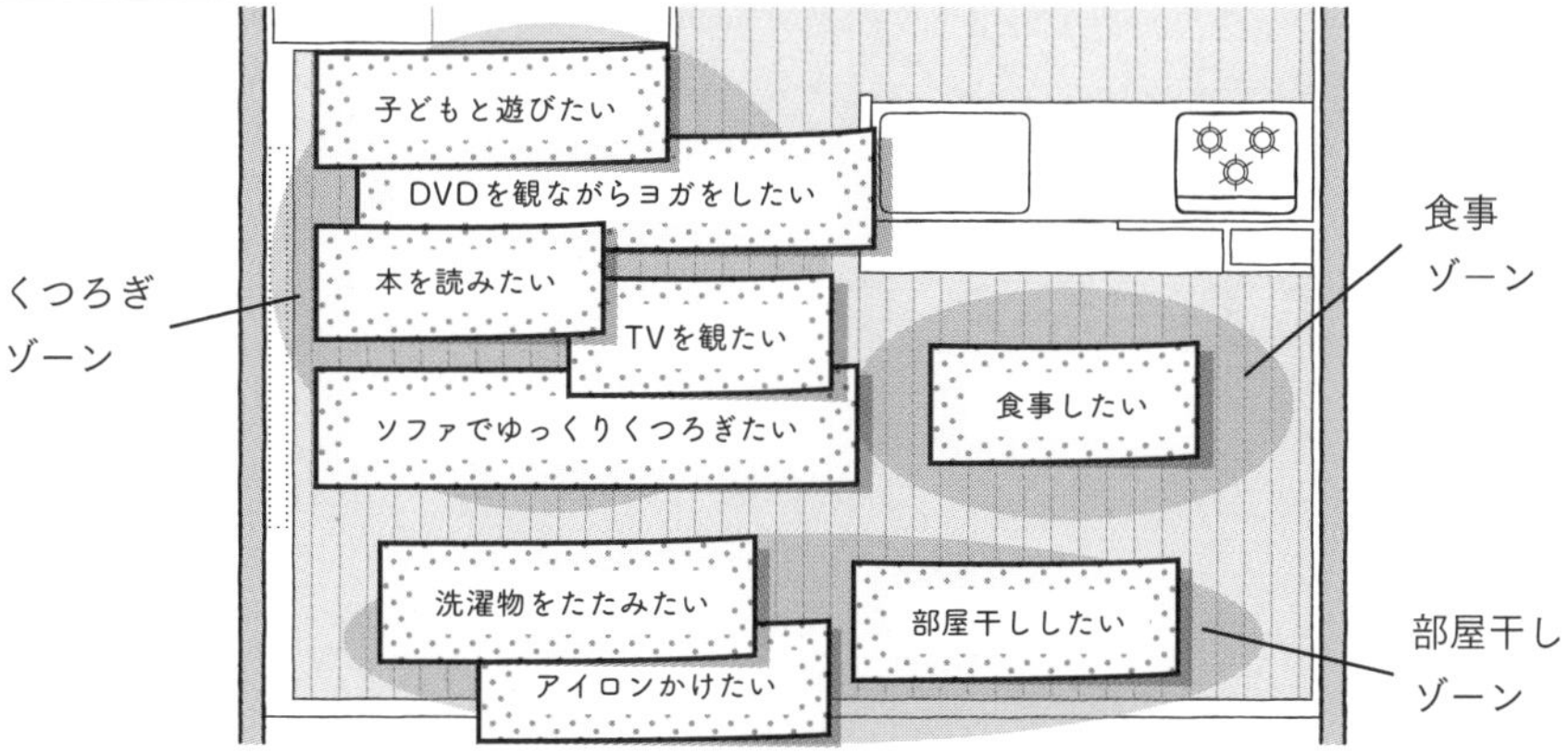

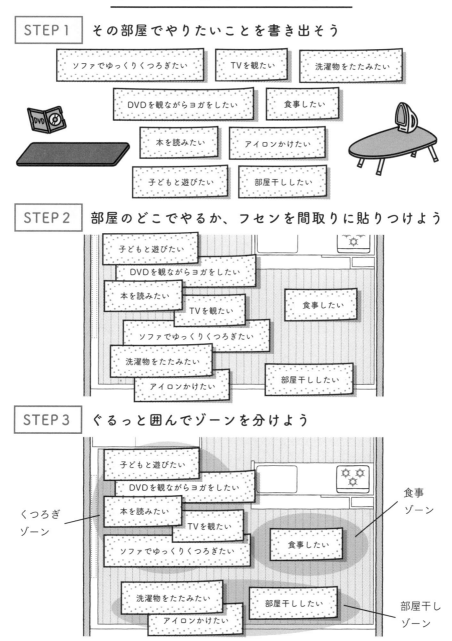

失敗しない家具配置は、コーナーづくりにかかっている！

家具の配置は、家族の動きをコントロールするツール

コンセプトを決めて、空間をゾーニングしたら、次のステップは、「家具配置を考える」ことです。

家具を配置するとき、人の動きに合わせた家具配置を考える方が多いかと思います。

しかし、じつは家事シェアがうまくいく部屋をつくるには、「人をこう動かしたいから、そう動かせるように家具を配置する」ほうがうまくいくのです。

ついつい自分たちのふだんの生活を思い浮かべて「ここにあったら便利」などと思って

家具を配置してしまいますが、そもそもいまの動線は、理想的とは限らないですよね。「家具の配置で人の動きを導いていく」と発想の転換をすることで、家事シェアしやすい家具配置になっていきます。

やりたいことを、スムーズに。「コーナー」の考え方

では具体的に家具配置を考えていきましょう。ここでは「コーナーをつくる」という考え方を使って、どこにどんな家具を置くのかをイメージしていきます。

コンセプトがゾーンの集まりでできているように、ゾーンはコーナーの集まりでできています。コーナーとは「カフェコーナー」や「キッズコーナー」など、やりたいことをスムーズにおこなうための場所です。そしてこのコーナーは、家具＋スペースでできているのです。

たとえばカフェコーナーは「コーヒーメーカーやカップを置いておく棚」＋「コーヒーを淹れることができるスペース」でできている。キッズコーナーだったら「おもちゃをしまう棚」＋「子どもが遊べるスペース」でできています。

僕はお客さまの家に行くとまず、このコーナーが家の中にちゃんとデザインされているかどうかを見ます。コーナーがデザインされていない状態とは、物がバラバラとしまわれ

ていたり、使いにくかったりすることです。カフェコーナーなのに、スペースが空いているからとカップラーメンや文房具を置いていたら、それはもはやカフェコーナーとは言えません。

「動作のスペース」も考えて家具配置をする

P109で区切ったゾーンを見てください。そこでやりたいことが、いろいろと書いてありますよね。そのやりたいことをそのゾーンでやりやすくするためには、何をしまう場所が必要でしょうか？　そしてどのくらいのスペースが必要でしょうか？

・ヨガコーナー
↓ヨガマットやDVDの収納場所＋マットを敷いてもゆとりがあるスペース
・キッズコーナー
↓おもちゃ収納＋お絵かき用のテーブル＋プラレールを広げられるスペース

このようにゾーンに必要なコーナーまで導き出すことで、ようやく本当に必要な家具がわかるようになります。

左の図を見てください。ダイニングテーブルの横に食器棚を置くと、ダイニングテーブルは「食卓」に。でも本棚を置くと「食卓かつワークスペース」としても使えるダイニン

コーナーの目的に応じて必要な家具が変わる

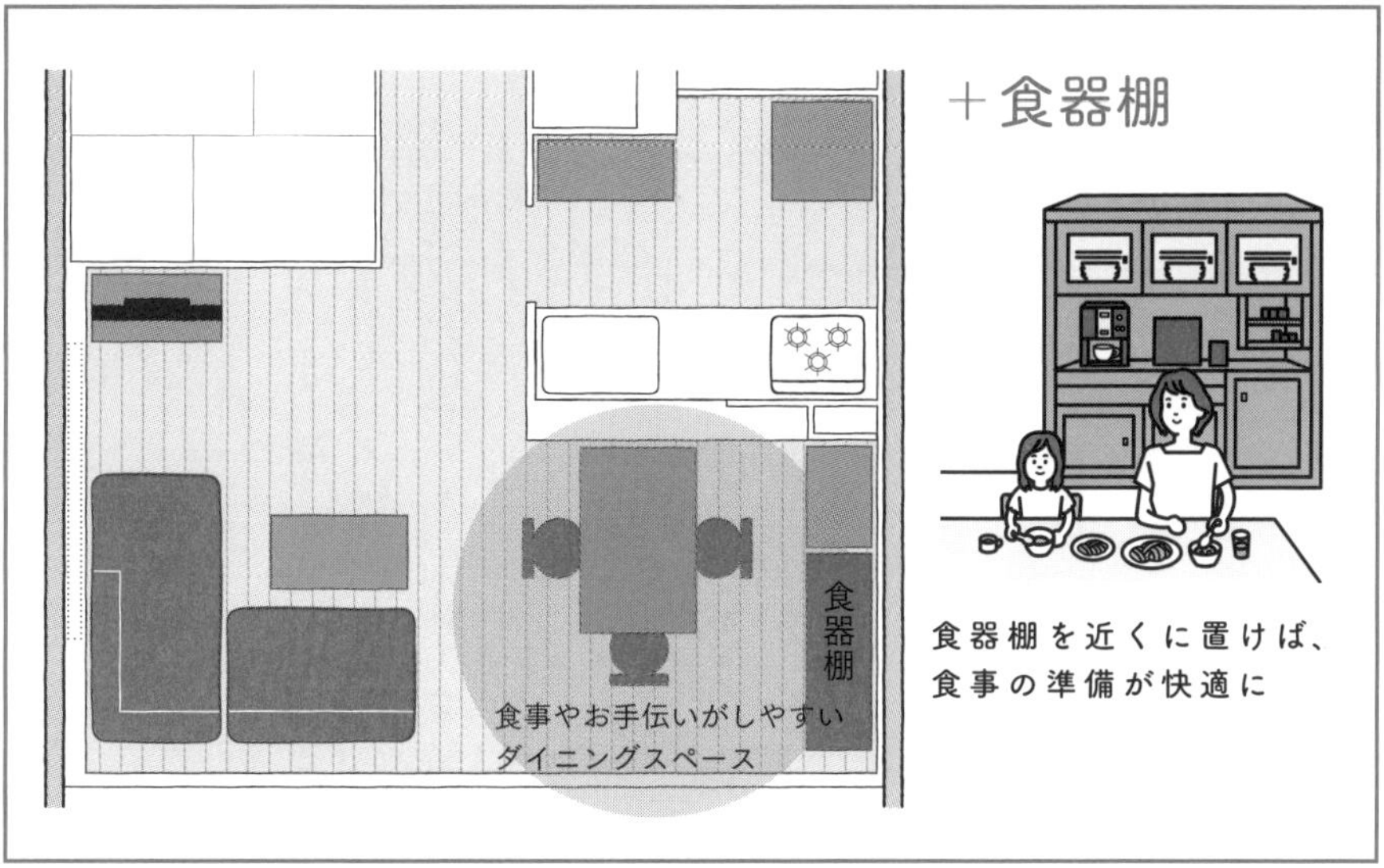

食器棚を近くに置けば、食事の準備が快適に

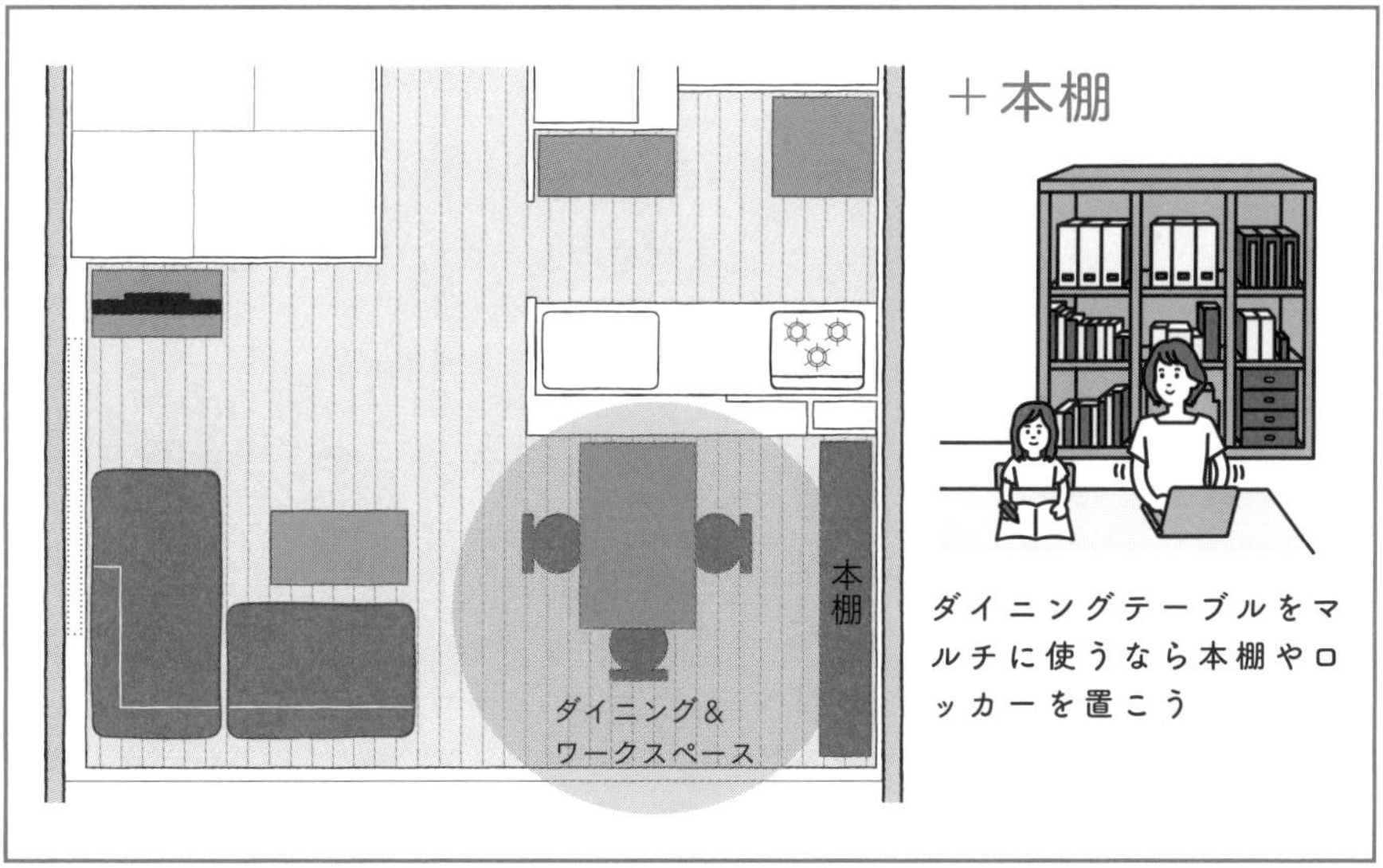

ダイニングテーブルをマルチに使うなら本棚やロッカーを置こう

グコーナーになります。このようにやりたいことをやりやすくするように、なにを収納する家具を置くか決めていきましょう。

では、ゾーニングを描いた図面にコーナーを描いていきましょう。

コーナーは、図面上に家具を描いてみるとわかりやすくなります。

とりあえず家具を表す「四角」や「円」を描きこむ程度でかまいません。そこに家具を置いたら、収納したい物がちゃんと入るかどうかをイメージしてください。図面上に書き出してもＯＫです。

この作業が、プランニングするうえでは、なかなか大変です。

「この家具には物が入りきらないかも」

「これとこれは近くに置きたいけど、邪魔になりそう」

など、一発でうまいプランを思いつくこともあれば、どうしたらいいかわからなくなってしまうこともあります。

この後のChapter3では、そんなゾーンやコーナーをつくるための「モヨウ替えのレシピ」を紹介していくので、すぐにできなくてもご安心ください。

ゾーンに必要な家具配置を考えよう

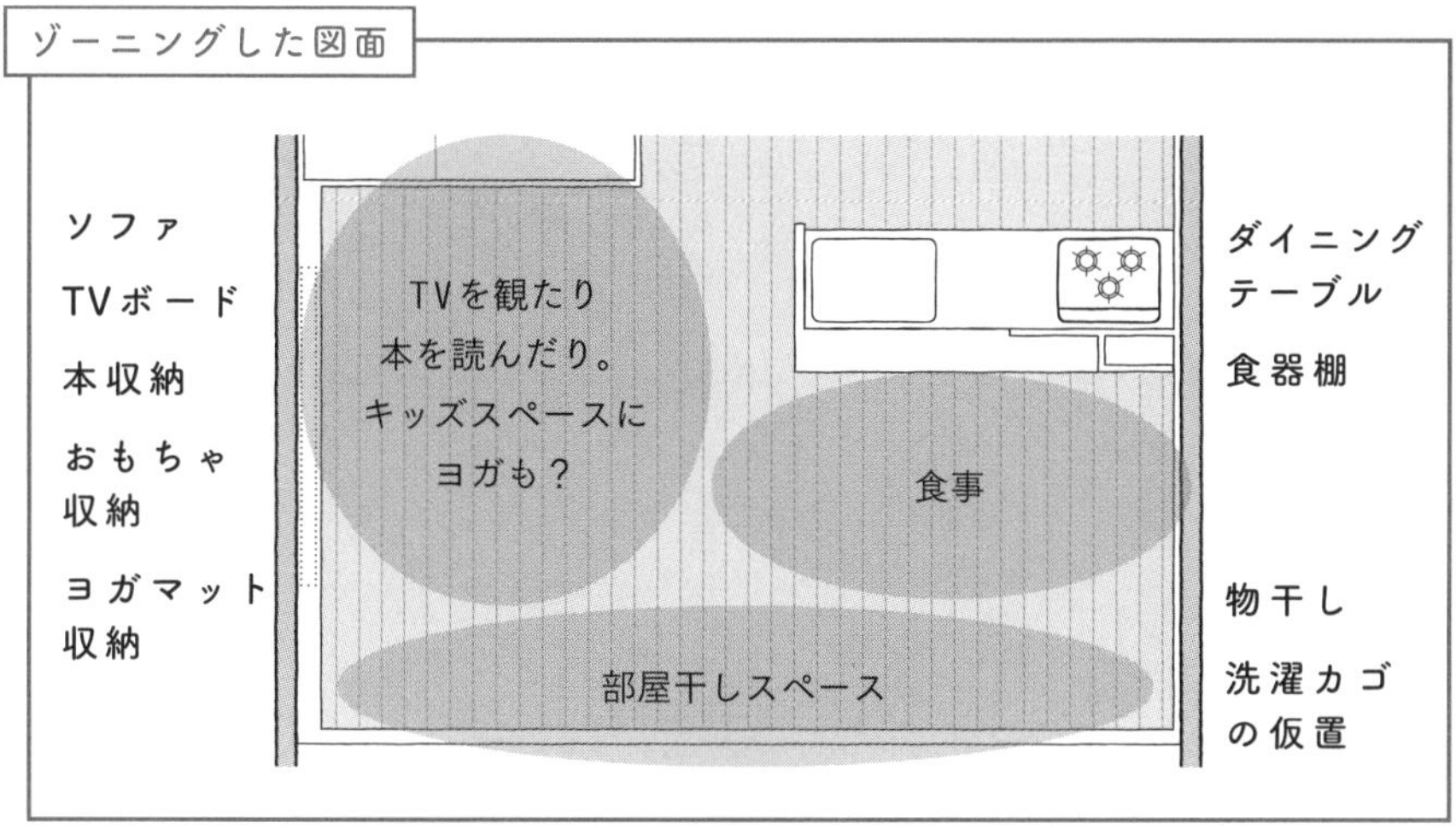

実際に家具を図面に描いてみると、足りないものがわかる！

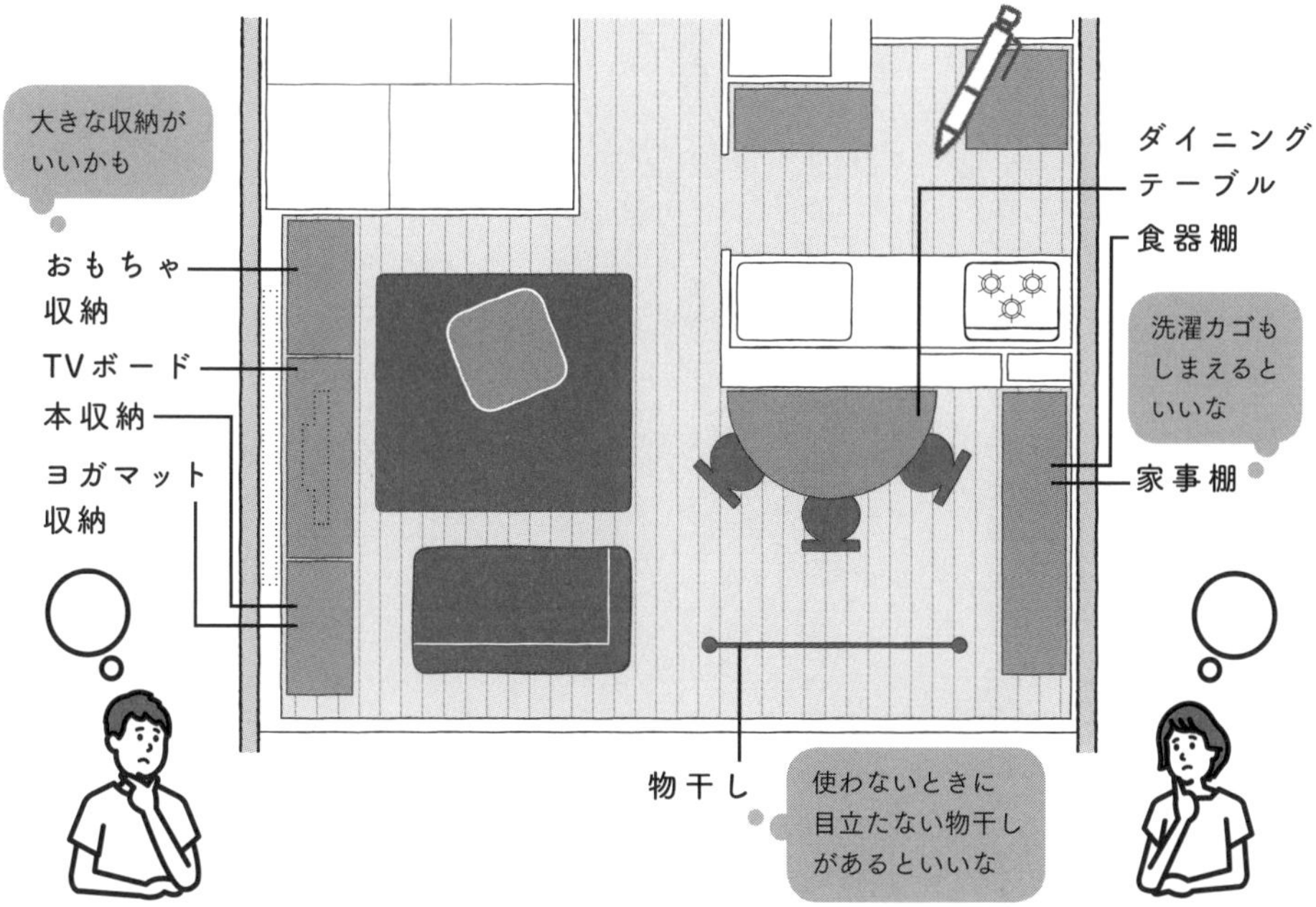

収まらないときは「移動」か「分離」

コーナーをつくっていくと、「しまいたい物すべては収まらない！」ということもあります。家の広さには限りがあるので、全部が叶わないのはしかたがありません。

一度コンセプトに立ち返って、優先したいコーナーを絞りましょう。

そして、残ってしまったコーナーは、別の場所につくることができないか、次の２つの方法で考えてみてください。

①コーナーごと、別の部屋に移動する
②「収納家具」と「作業スペース」に分離して移動する

①は「ヨガコーナーがリビングにつくれそうにないぞ」となったら、寝室や空いている洋室などにコーナーごと移動できないか検討する方法です。

②は収納スペースと作業スペースで分ける方法です。ヨガマットやＤＶＤなどの収納コーナーは寝室につくってしまい、ヨガをするときは寝室から道具をリビングに持ってくる、というふうに。

しまいたい物が
収まらないときの２つの対処法

［ヨガコーナーをリビングにつくれないなら……］

①コーナーごとに別の部屋へ移す

リビングではなく
寝室でヨガをする

②収納スペースと作業スペースに分ける

寝室に道具を収納して、ヨガをするときには道具を持ってリビングへ

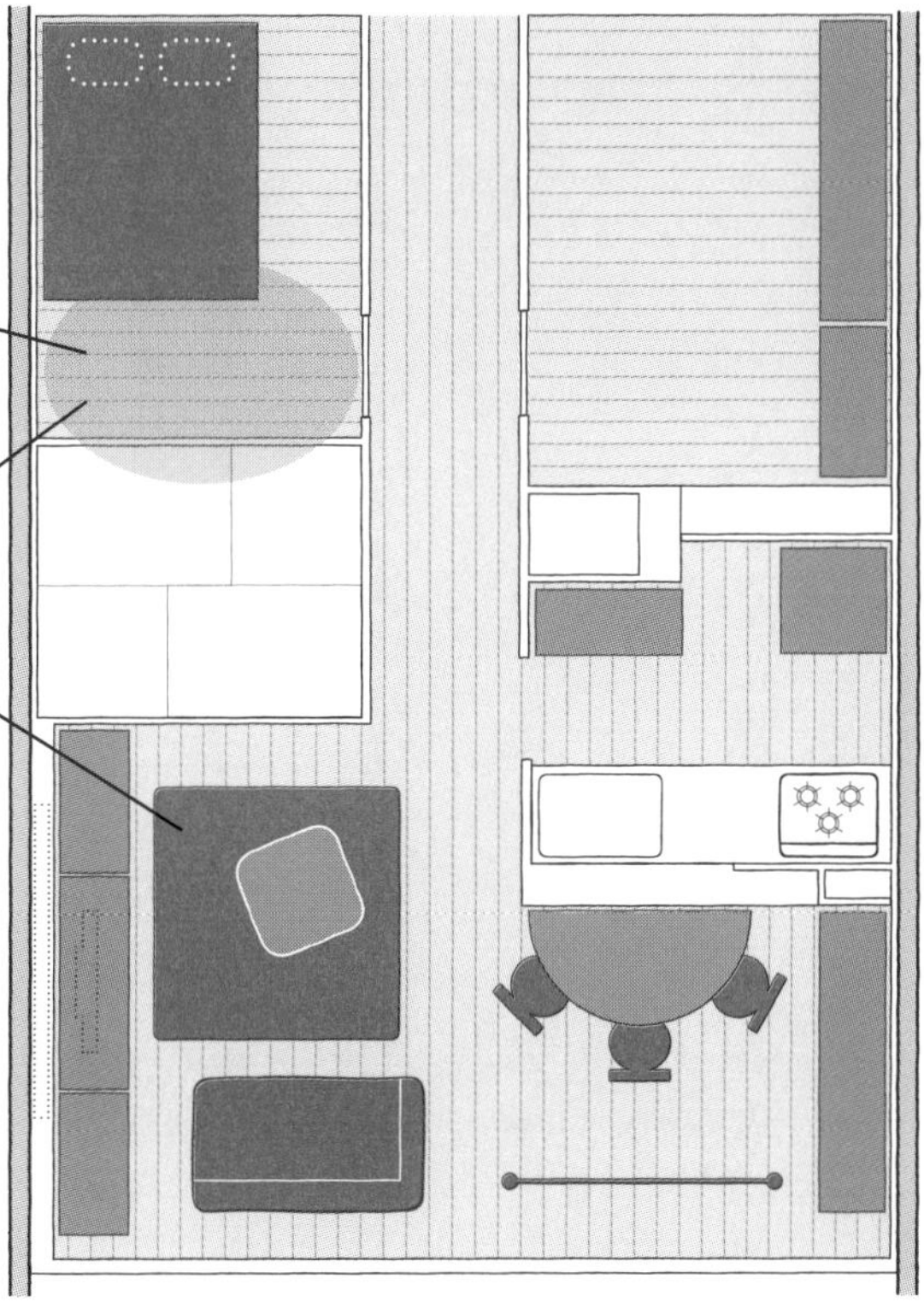

同じタイミングで使うものは
ひとまとまりで収納するのがおすすめ

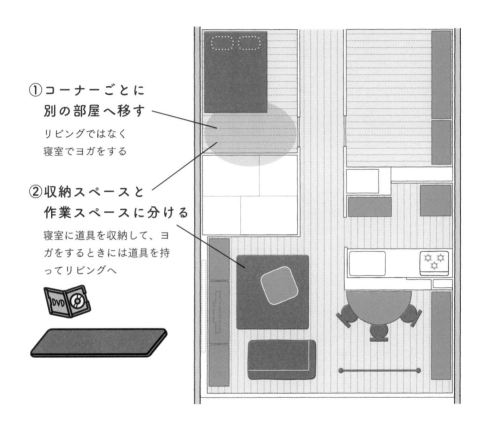

好みの問題ですが、「DVDはヨガ用も他のものもTVの近くに置く」よりも「ヨガのDVDはヨガマットと同じ場所にしまう」ほうが、おすすめです。

行動で区切れる物は、物の種類ではなくテーマでまとめたほうが、いざ使うときに動作が減ります。

そして、収納スペースと作業スペースが分かれる場合は、「物の動かしやすさ」と「作業スペースでの仮置場」も意識しましょう。

たとえば、

・リビング学習をするけど学用品は子ども部屋にしか置けない
↓勉強道具を放り込んで移動できるカゴを用意する
・本をリビングで読むけど本棚は置けない
↓読みかけの本を仮置きできるブックスタンドを用意する

といったように。散らかりやすいものは「仮置き場」(仕組み)を用意することで、片づけルールを運用しやすくなります。

空間があるからといって、すぐに家具で埋めるのはNG

モヨウ替えが苦手な人は、空いたスペースがあると「もったいない」と思って、つい空間を埋めがちです。

しかし、空間を活用することは空間を埋めることではありません。

空間を上手に活用しようと思ったときには、最初に「どう過ごすか」を考えて空間を確保し、家具配置をすることが重要です。

「子どもがプラレールとかをつくったり、寝っ転がったりするスペースが必要だとすると、もしかしたらソファは置かないほうがいいかもしれないな」といったように。

家は、物をしまうための場所（倉庫）ではありません。

家族が活動し、暮らしを楽しむための舞台なのです。まずは家族が「活動」できるスペースの確保を最優先に考えましょう。

たとえば、キッズスペースはおもちゃをしまう棚を置いたら完成、というわけではありません。おもちゃをその場で出して広げることができるスペースも必要になるわけです。

つまり、おもちゃを広げるための「何も置いていない空間」を先に確保する必要があります。

ダイニングテーブルの上も同じ。

食事をしたり、事務作業をしたりするための「スペース」の確保がまず必要です。

だからそのスペースを確保するために、テーブルの近くに「ダイニングテーブルの上に散らかりそうな物」をしまう場所をつくるのです。

収納の中にも、隙間がなければ物を出し入れしにくいですよね。ギュウギュウに押し込まれた収納は使い勝手が悪くなり、物を使ってもその収納には戻さず違う場所に出しっぱなしに。家具を機能的に活用できるよう、スペースを維持しましょう。

さて、ここまでのプランニングで理想的な暮らしを具体的に考えたら、本当に必要な空間や家具がはっきりしてきましたね。それではいよいよ、モヨウ替えをしていきましょう。

Chapter

3

家族の力が最大化する部屋づくり

モヨウ替えのレシピ

MAKE-OVER

モヨウ替えにはレシピがある！

人が住む家にはそれぞれ個性があります。たとえ同じかたちの家だとしても、そこに住む家族の好きなものや生活スタイルによって、お部屋の中身は変わります。もちろんモヨウ替えで解決したい課題や理想も違うでしょう。

僕がお客さまのモヨウ替えプランを導き出す時間は、ほとんどの場合、カウンセリングの90分間。それぞれ違う家なのに、短時間で解決策をご提案できるのは、「解決のためのパターンをいくつも知っているから」です。

特別なクリエイティビティで、他の人には思いつきもしないような発想とアイディアが毎回降ってくるわけではありません。

持っているパターンの中から、「この家の状態と、課題だったら、このパターンが使えるかもな」と、当てはめていくのです。

これまでの話はモヨウ替えの基礎知識です。いわば料理でいうところの「さしすせそ」のようなもの。「この順番で調味料を入れましょうね」「この調味料はこんな味と効果ですよ」という考え方の基礎です。

基礎だけで料理の腕がグッと上がるのと同じように、モヨウ替えも基礎を押さえておくだけで、失敗を減らして理想の暮らしを実現しやすくなります。

ですが、料理にもレシピがあるように、モヨウ替えにも秘伝のレシピがあります。

いくら料理を失敗しなくても、肉じゃがしかつくれないのか、幅広いアレンジ料理を作れるのかで食卓の彩りも変わります。

豚肉と玉葱と卵があったときに、「カツ丼」しか思いつかないのか、「中華炒め」「ピカタ焼き」「生姜焼き丼に目玉焼き乗っけよう」といくつもメニューが思い浮かぶのかは、クリエイティビティの問題ではなく、どれだけ多様なレシピを知っているかです。

ここからは、僕がたくさんのお家を拝見して考えた、モヨウ替えのレシピをご紹介します。そのまま取り入れてもいいですが、家の状況に応じてアレンジの必要が出てきます。

部屋の数、家族の人数、掛けられる時間や予算。賃貸か、分譲か、戸建てかマンションかでも違ってきます。

レシピにはアレンジの方法もあわせてお伝えしますが、ぜひご自身で、ご自宅なりのアレンジを楽しんでみてください。

FAMILY SQUARE

家庭内広場

リビングテーブルをなくしたら
生活が快適になる!

【このレシピはこんなご家庭に向いています】

- □ なんだかリビングが狭い
- □ 子どもがのびのび遊べるスペースがない
- □ 部屋に入ると圧迫感を感じる

ソファの前に広場をつくろう

リビングテーブルがソファの前からなくなると、TVまでの視界がスッキリし、広がりが生まれます。床座もできるし、子どもたちがのびのび遊ぶスペースにもなります。

物置化するテーブルは、今のライフスタイルにミスマッチ

リビングテーブルの役割は、お茶や本、リモコンなどを「仮置き」することなので、「物置化」につながります。ソファの目の前に「物置」は、いらないですよね？

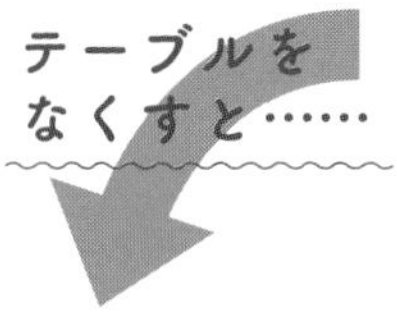

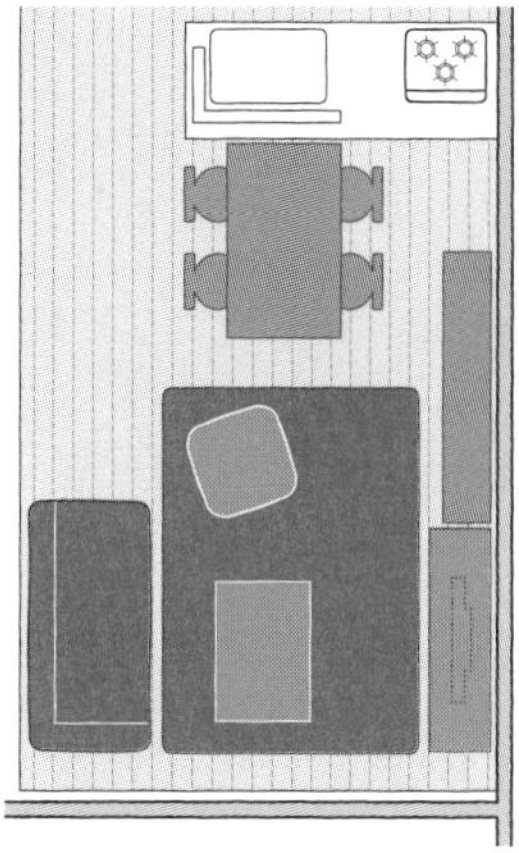

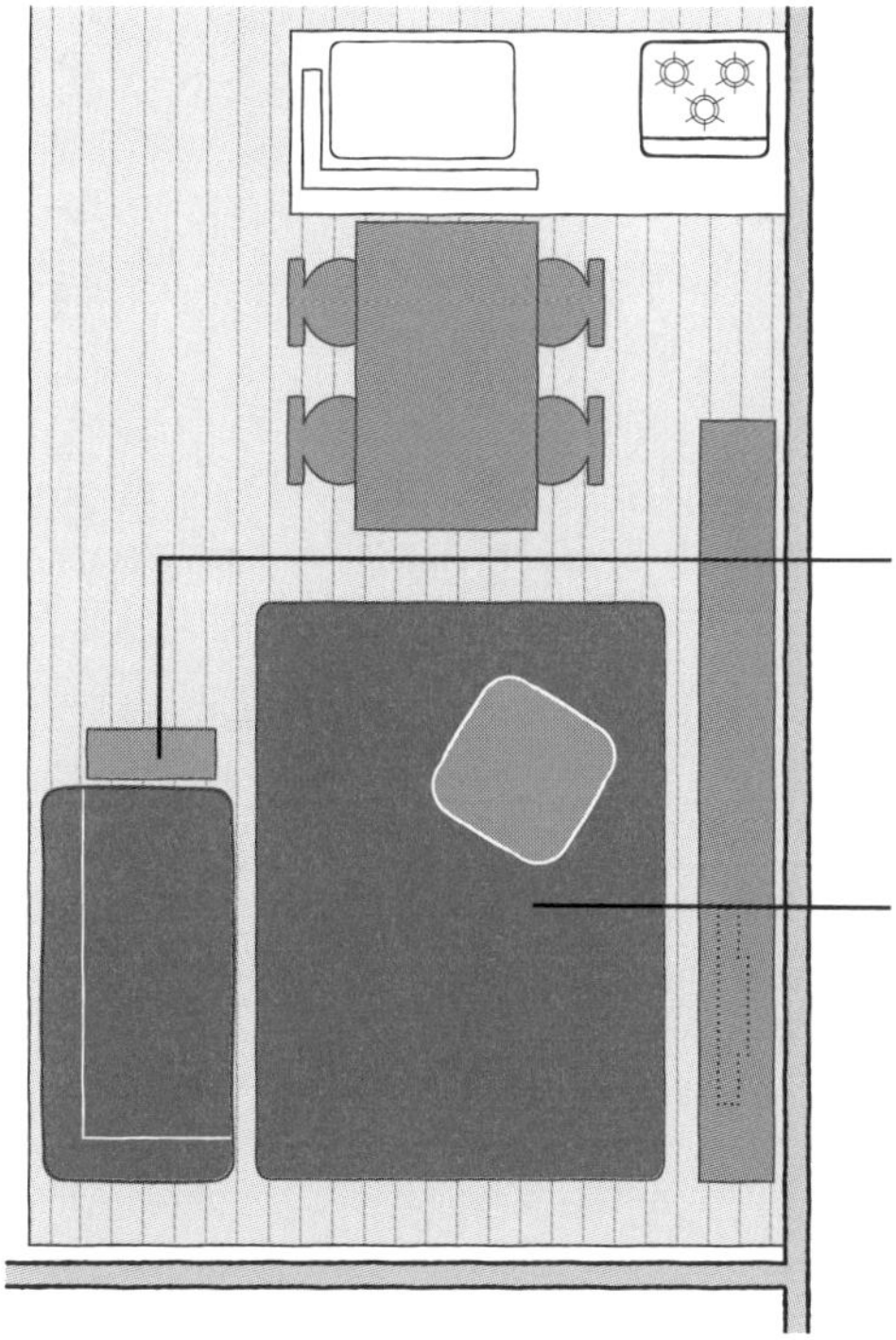

物を置きたいときは一工夫

ソファ横に小さなリビングテーブルを設置すれば、飲み物の置き場に困ることもなく、広場をのびのびと堪能できます。

親子でくつろげるスペースが誕生

テーブルではなく、たとえばラグマットとビーズクッションを置けば、床座でゴロゴロできるし、お子さんのお昼寝スペースとしても完璧。

物置と化したテーブルに比べて、なんと可能性の広がることでしょう！

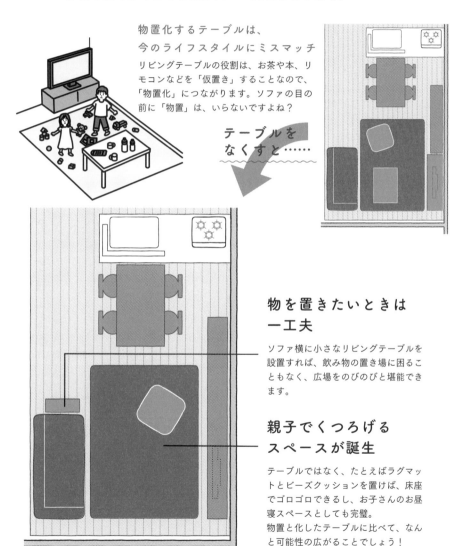

広々スペースがあれば子育てがぐっと楽になる

未就学や低学年くらいのお子さんがいるご家庭では、ほとんどの場合において大きなリビングテーブルは不要です。

わが家には4歳の娘がいるのですが、娘が生まれてまっ先におこなったのがリビングテーブルをどかすことでした。たったそれだけのことで、子育てがしやすく、生活が快適になったのです。いまではもう、大きなリビングテーブルのある生活に戻ることはできないとすら思っています。ソファの前に広場があるというのは、その部屋でできることの幅を広げてくれます。たとえばわが家では、

●娘が生まれた当初
・娘が寝返りや、はいはい、つかまり立ちができるスペース
・娘のお昼寝と一緒に、親もゴロリ
・もちろん、子ども用のふとんだって敷ける
・娘をあやすために抱っこしながらバランスボールではねる
・おもちゃやボールで一緒に遊ぶ
・両親が泊まりに来たときにも布団を敷ける

●娘が4歳の現在

・めいっぱい飛び跳ねながらカルタ
・プリキュアごっこのメイン会場（ぬいぐるみやおもちゃをたっぷり広げながら）
・娘のお昼寝（たまに親も）
・筋トレのフィットネス（親）
・お友だちが集まったときは、テーブルを出して子どもたちだけのごはんスペースに
・親もゴロゴロしながらTVを観る
・棚の組み立てなど一時的に広さが必要な作業をする
・洗濯物をたたむ

他にも、

・プラレールを大きく広げてたっぷり遊ぶ
・DVDを観ながらヨガ
・ミニテントを張ってキャンプごっこ
・折りたたみ式のハンモックを広げてゆらゆら

パッとあげただけでも、これだけの可能性を秘めているソファ前の家庭内広場。想像しただけでも、胸が踊ります。

効率的なリビングテーブルのつくり方

「でも、何もなければ、飲み物も何も置けないじゃないか！」と、思いますよね。ごもっともです。ソファの周りに、テーブルは必要なのです。

では、リビングテーブルの最大の役割「飲み物などの仮置き」スペースをつくる方法を考えてみましょう。

たとえば、P125の間取りでは、リビングテーブルをソファの前ではなく、横に置いています。

じつはリビングテーブルは、前より横にあったほうが使いやすい。前かがみになって上の物を取るよりも、ソファにもたれたまま取れるほうが楽だからです。ソファの横にスペースがあるなら、検討してみてください。

そのほかのアイディアとして、次の4つがあります。

サイズダウンしてみる

もっともシンプルな解決策。どうしてもソファの前にテーブルが欲しいけど、狭くて困る場合は、そもそもサイズダウンさせるのも手。また、そのときに必要な範囲に応じて、大小のテーブルを重ねたり広げたりできる「ネストテーブル」も便利です。

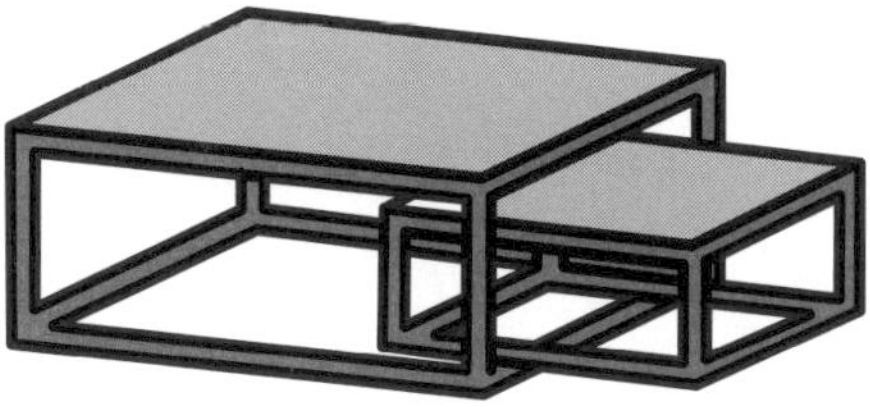

「差し込めるタイプ」でコンパクトに

床面を少しでも広く確保しつつ、テーブルとしての機能もちゃんと欲しいならこのタイプのテーブルがおすすめです。コンパクトではあるものの、自分の手が届く位置に置きやすいので、使いやすいはずです。

「2WAYタイプ」でより豊かに

状況に応じて、広い面と狭い面を使えるのがこのテーブルのいいところです。ひとりで使うときは狭い面にして広場をたっぷり確保し、みんなでおやつを食べるときは広い面にしてわいわいする……なんて臨機応変に活用できます。

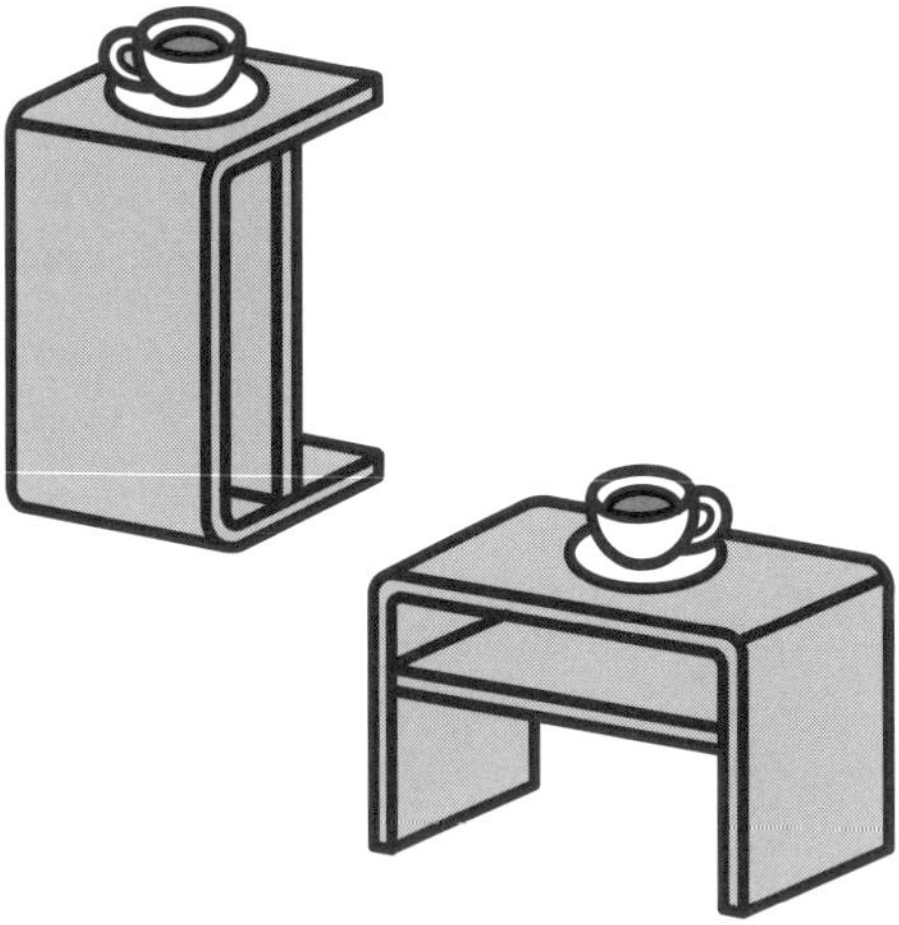

「ソファトレイ」なら場所を選ばない

肘掛けに設置するタイプもありますが、子どもが倒してしまうことを考えると、縁のついている普通のトレイをソファの上で使うくらいが丁度いいかもしれません。万が一飲み物が倒れてしまってもソファにこぼれるのを防ぐことができます。

家庭内広場をより広くするためのレシピ

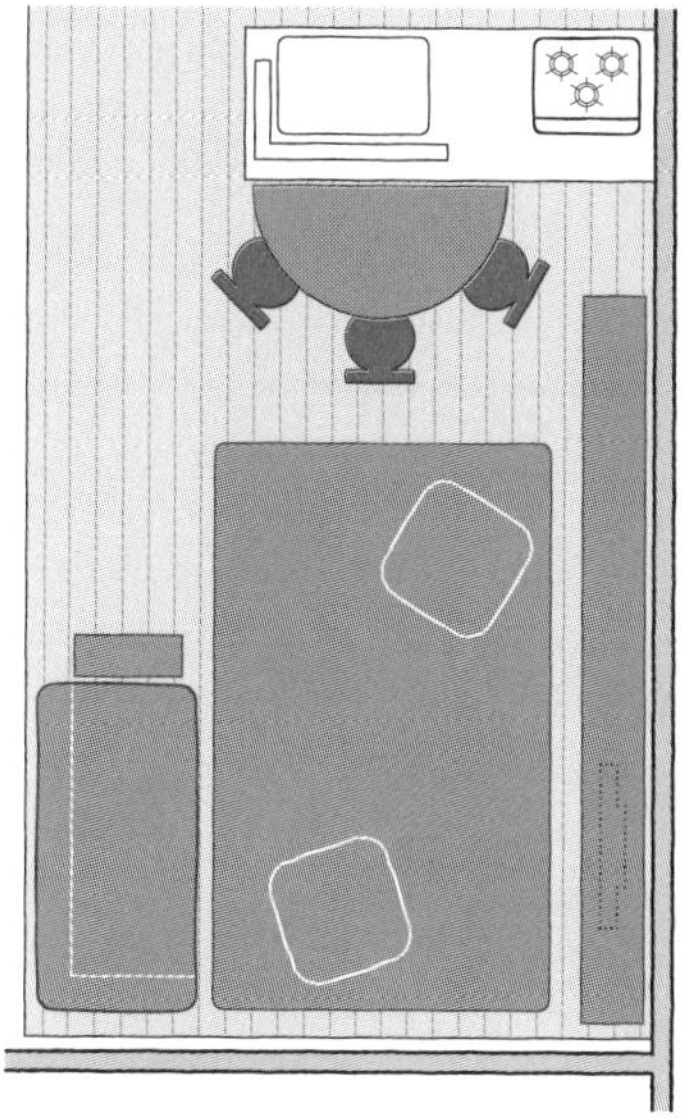

ダイニングテーブルの形状を工夫してみる

お部屋によってはダイニングテーブルを変えることで、広場をさらに広く確保することができるようになります。たとえば、半円形タイプのテーブルは、四角形のテーブルよりも省スペースで置くことができます。

（P81参照）

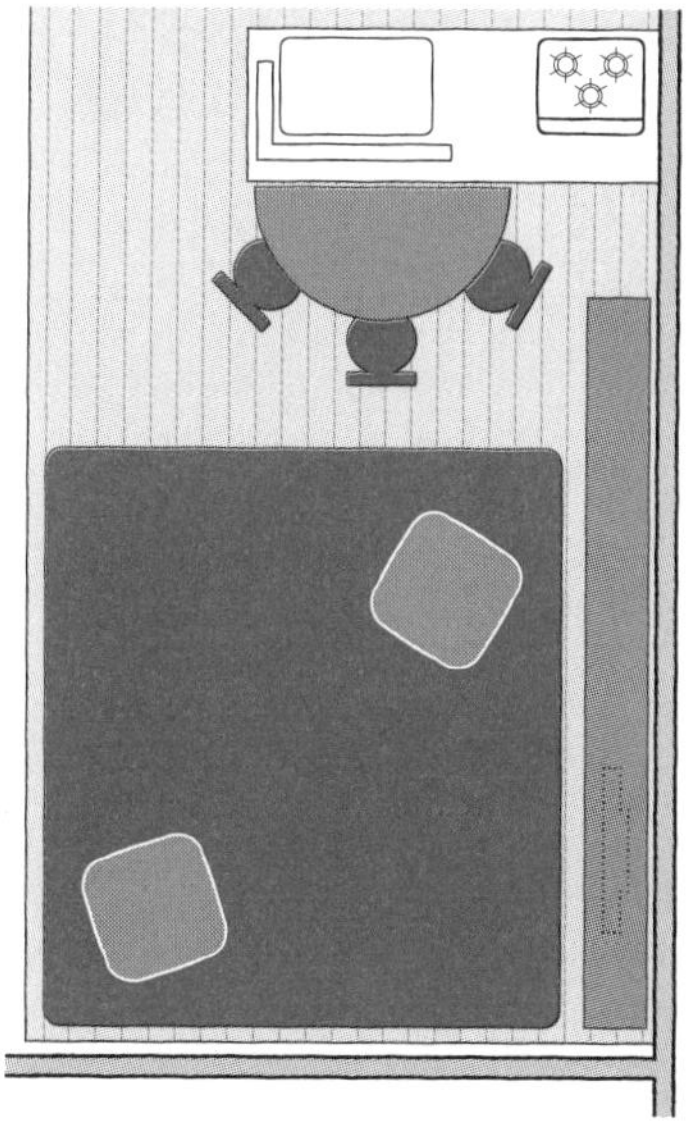

ソファをなくして床座にする

家庭内広場の究極の形がソファをなくしてしまうこと。ビーズクッションや、コンパクトに折りたたみができる床座用のチェアを使うことで、広いスペースを確保できるようになります。このような場合は、テーブルではなくてカフェトレーを使って、飲み物などを置けるようにしましょう。

（P77参照）

BIG DINING TABLE

ビッグダイニングテーブル

じつは役割豊富な
ダイニングテーブル

【このレシピはこんなご家庭に向いています】

- □ いつもダイニングテーブルの上が散らかっている
- □ ダイニングテーブルで勉強や仕事をすることがある
- □ お友だちや祖父母など、人がよく遊びに来る

ダイニングテーブルは広く、大きく開放させよう

家族が集まり、生活の中心となるダイニングテーブル。

食卓・ワークスペース・勉強や工作スペース・書類整理スペース、このくらいの役割は必然的に担うことになるダイニングテーブルは、少し大きめを選ぶのがコツ。

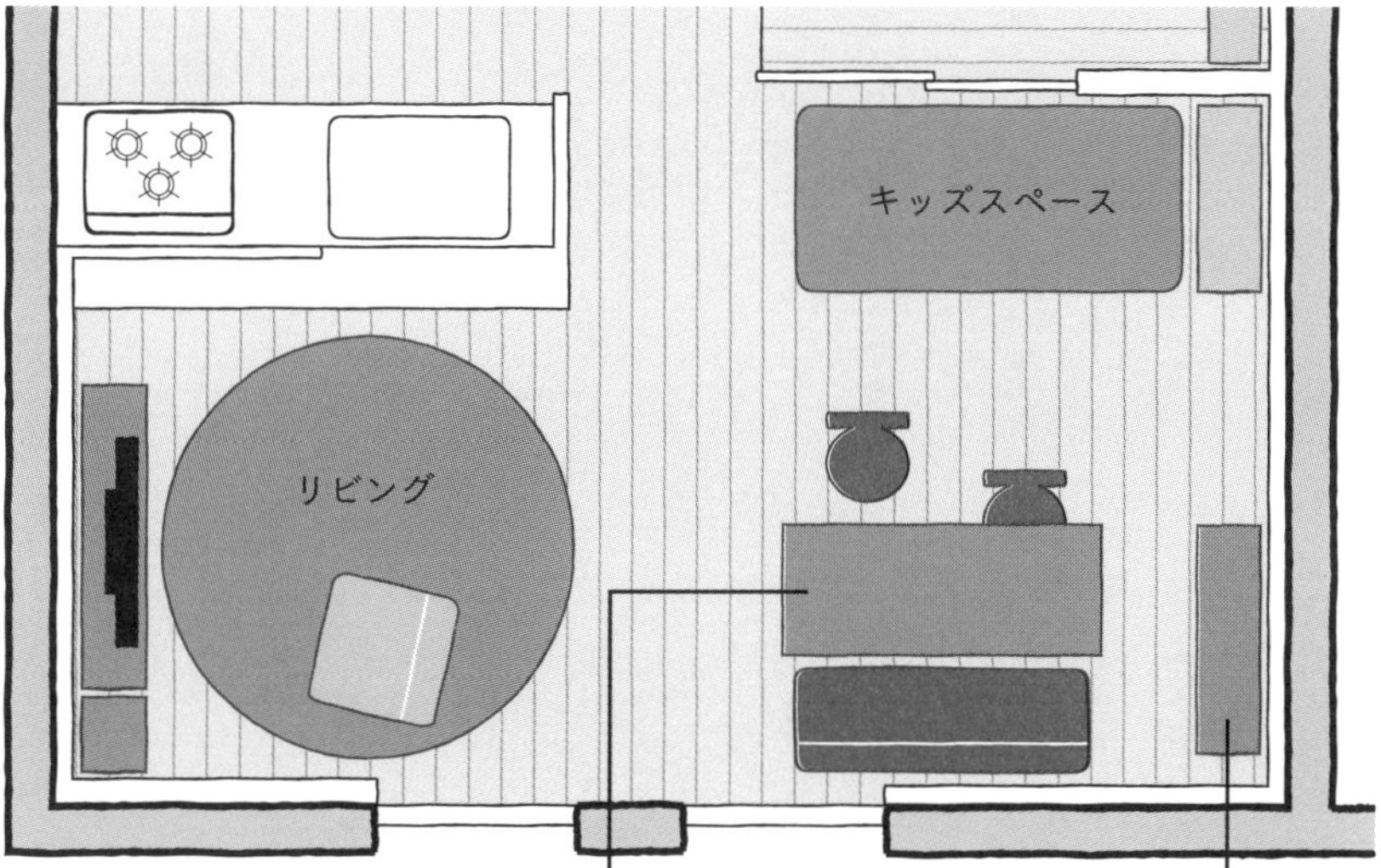

家族行動の「主役」になる場所

パパ・ママがちょっと仕事をする、趣味の物をつくる、本を読む、人によっては洗濯物をテーブルの上でたたむことも。子どもの勉強、工作スペースになることもありますよね。

家族が一同に揃って座る時間が多くなる場所だから、広く広く、を心がけよう。

忘れちゃいけない書類整理スペース

ポストから取ってきたチラシや書類、とりあえずダイニングテーブルの上に散らかしてませんか？
買ってきた物をテーブルの上に置きっぱなしにして、物置のようになっちゃうことも。
テーブル上のスペースを有効活用させるために、近くに仮置きできるような書類棚を置きましょう。

家族が集まる場所だから、「ゆとりのあるスペース」に

ダイニングテーブルは食事をとるだけの場所でしょうか？
もちろん、メインの役割は家族が食事を囲む団らんの場でしょう。
でも、じつは、前述のように、もっとたくさんの役割を担っています。

この上がいつも散らかってしまっていたり、ゆとりを持って食事ができなかったりしてしまう場合は、ダイニングテーブルが小さすぎるか、もしくは部屋のかたちに合っていないことがあります。

子育て家庭のダイニングテーブルは、イメージしているよりも少し大きめを選ぶのがいい。好き嫌いや部屋のスペースにもよりますが、大きなソファと小さめのダイニングテーブルを置くよりも、ソファは小さめにしてでも大きめのダイニングテーブルを置くほうが、快適に過ごせるようになります。

たとえば、小さな子どもがいる家庭では、「ソファに家族全員が一緒に座る時間」はとても少ないのです。食後にみんなでくつろいでいるご家庭もあるかもしれません。でも、パパやママが洗い物をしていたり、子どもたちはおもちゃで遊んでいたりして、全員がじっくり座っているわけではなかったりします。

それに引き換えダイニングテーブルは、家族全員が一同に揃って座る時間が長い場所。その上、勉強や書類整理などの作業もおこなうとなれば、広いスペースがあるほうが絶対いい。

もちろん、部屋が広くて、大きなソファもダイニングテーブルも十分置けると言うなら、そりゃソファも大きいに越したことはないかもしれません。

でも、どちらかを優先しなければいけないご家庭が多いのも事実。

そのときには、ソファよりもダイニングテーブルを充実させることをおすすめします。

さて、ここで言うビッグダイニングテーブルとは、テーブルのサイズ自体を大きくすることに加え、「テーブルの上を広く空けておく」ということも含みます。

では、そのための具体的なレシピをご紹介していきます。

ちょっと大きめの
ダイニングテーブルを選ぶ

ひとり分の横幅は70cm。４人家族であれば、テーブルの長さが140cm以上。これを基準に探してみましょう。

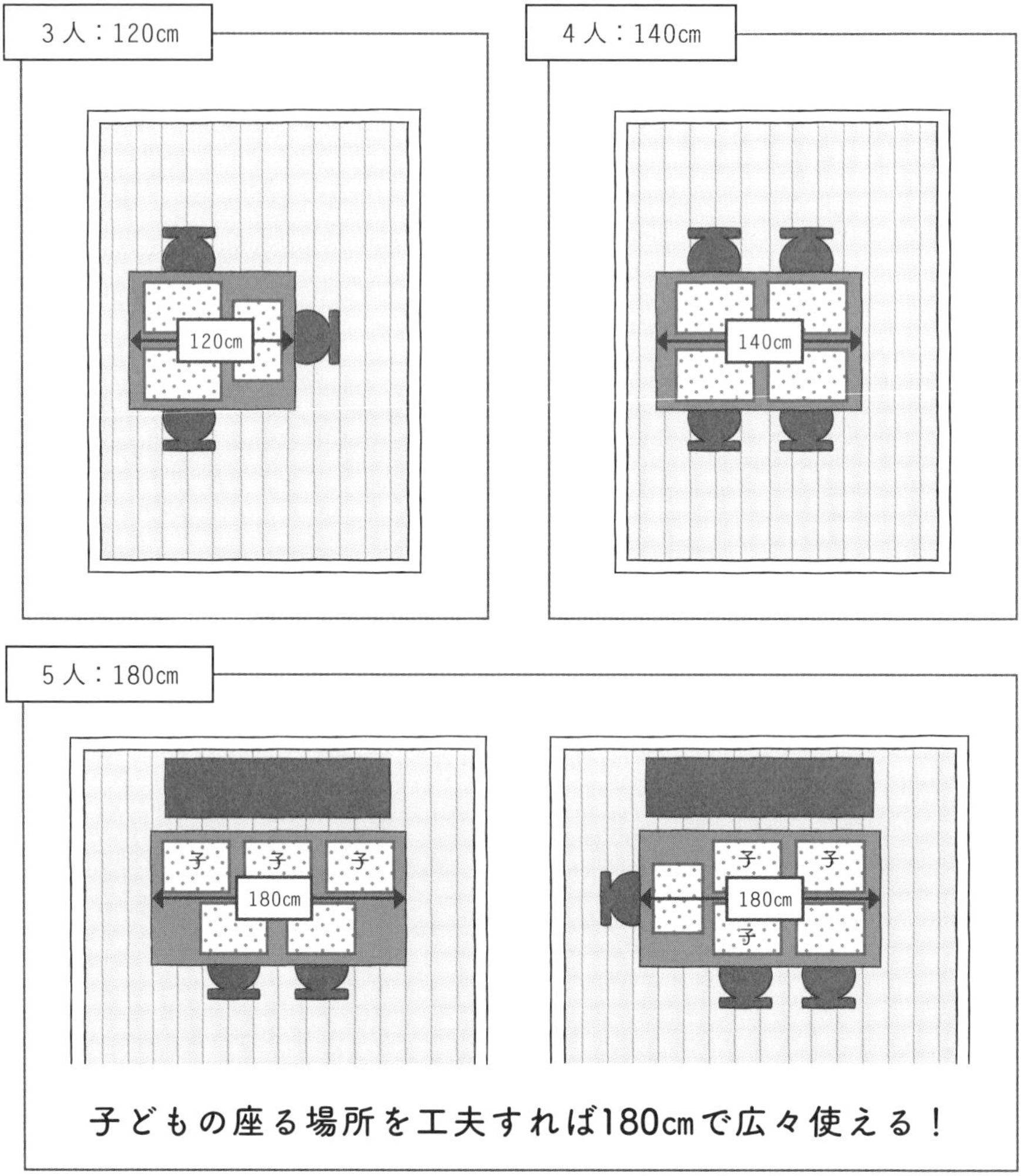

…１人分のスペース

「ちょっと大きめってどのくらいのサイズのことなの？」

と、思われるかもしれません。

結論からお伝えすると、ひとり分の横幅を70cm取れるサイズのことです。4人家族であれば、テーブルの長さは140cm以上のもの。もちろん、お部屋の大きさによるので一概には言い切れませんが、この大きさをおすすめする理由があります。

人が座って食事をするのに必要なテーブルの横幅は、最低60cmと言われています。2人横並びに座ったら120cm。そのため一般的には、横幅120cmくらいのテーブルから4人掛けとして売られています。

ただ、座ってみると狭いんです。大人だと、けっこうギリギリ。少し身体の大きな人だと、まっすぐ座るのがきつくて斜めに座ったりしてしまうくらい。なので、通常4人掛けで使うテーブルであれば140cmは欲しいところです。たった20cmの違いと思うかもしれませんが、座ったときのゆとりは全然違います。

もちろん、スペースがゆるすなら180cmほどのビッグサイズを置けると、テーブルとしてのゆとりがかなり生まれます。

とはいえ、4人家族だけど120cm以下のテーブルを置くスペースしかない場合もありますよね。

「大きいテーブルがいいのはわかったけど、わが家には置けません！」そんな場合にも、いくつか方法があります。

半円形のテーブルを駆使する

ダイニングの離着席は椅子を引いて出入りするので、実際のダイニングスペースはテーブルサイズよりも一回り以上広く確保しなければいけません。

この「テーブル＋着席スペース」をコンパクトに抑えてくれるのが、半円形のテーブル。半円の直線部分をキッチンカウンターや壁にピッタリとつけてしまえば、省スペースでみんなが座ることができます。

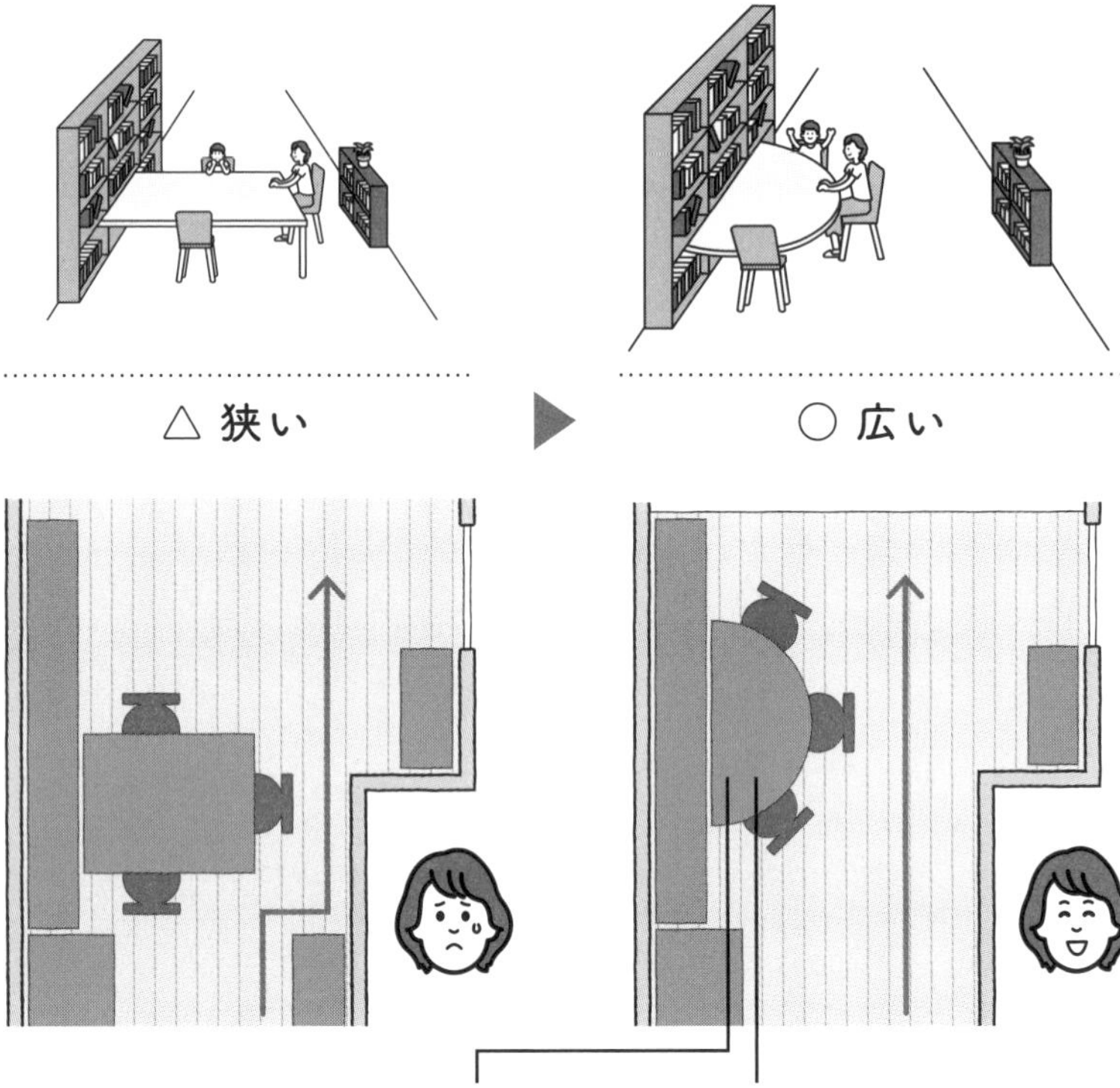

来客時には壁から離してつろぐ

お客さまが来たときなどは、直線部分を壁から離してベンチを置くことで、もう少し人数が増えてもゆとりを持って座れます。

4人家族なら直径140cmのものを

円形のいいところは、椅子を置く場所を自由な間隔にできる点。直径が140センチ程の半円形テーブルであれば、円形部分だけでも大人2人と子ども2人が座れるでしょう。

お誕生日席は固定しない

3人家族や5人家族でよく見かけるお誕生日席の利用。
じつは同じスペースに、より大きなテーブルを置ける場合もあります。

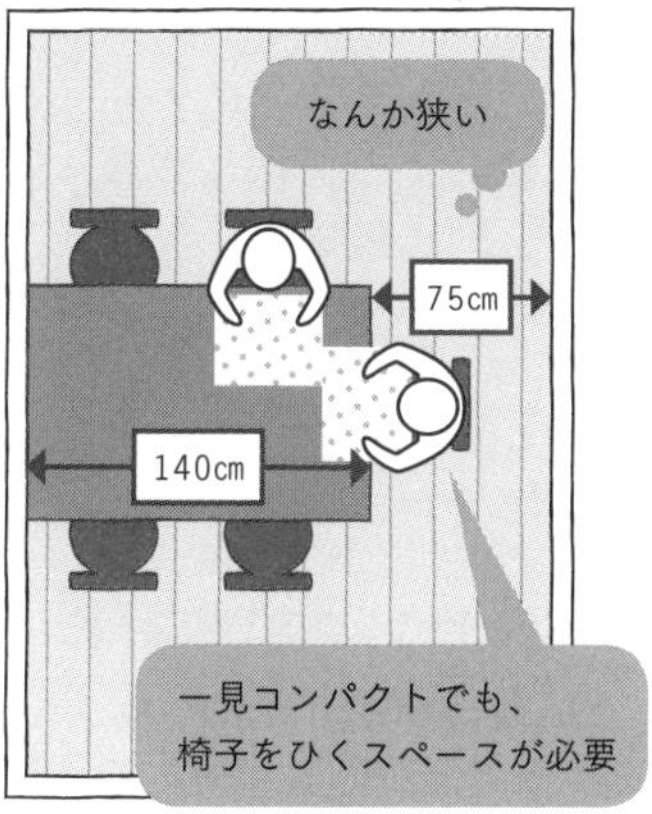

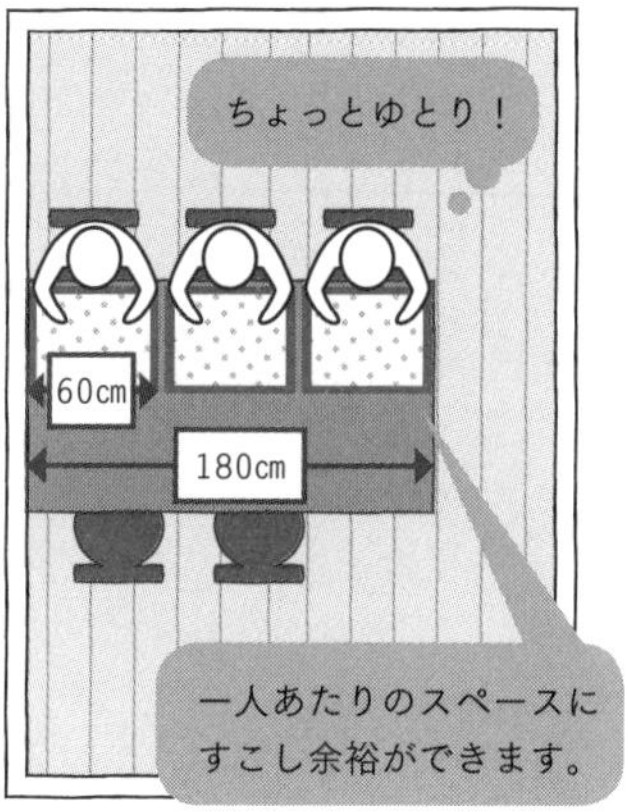

でも、はす向かいで子どもにごはんを食べさせるときや、
お客さんが来たときには、お誕生日席が便利。
椅子を引くスペースを十分にとりましょう。

固定するなら、一番小さな子の席に

どうしても大きなテーブルが置けず、固定のお誕生日席が必要な場合は、あかちゃんなど小さな子の専用席に。斜向かいに座ればお世話もしやすくなります。

■…60cm×35cm
ひとりが食事をするのに必要な最低寸法です。

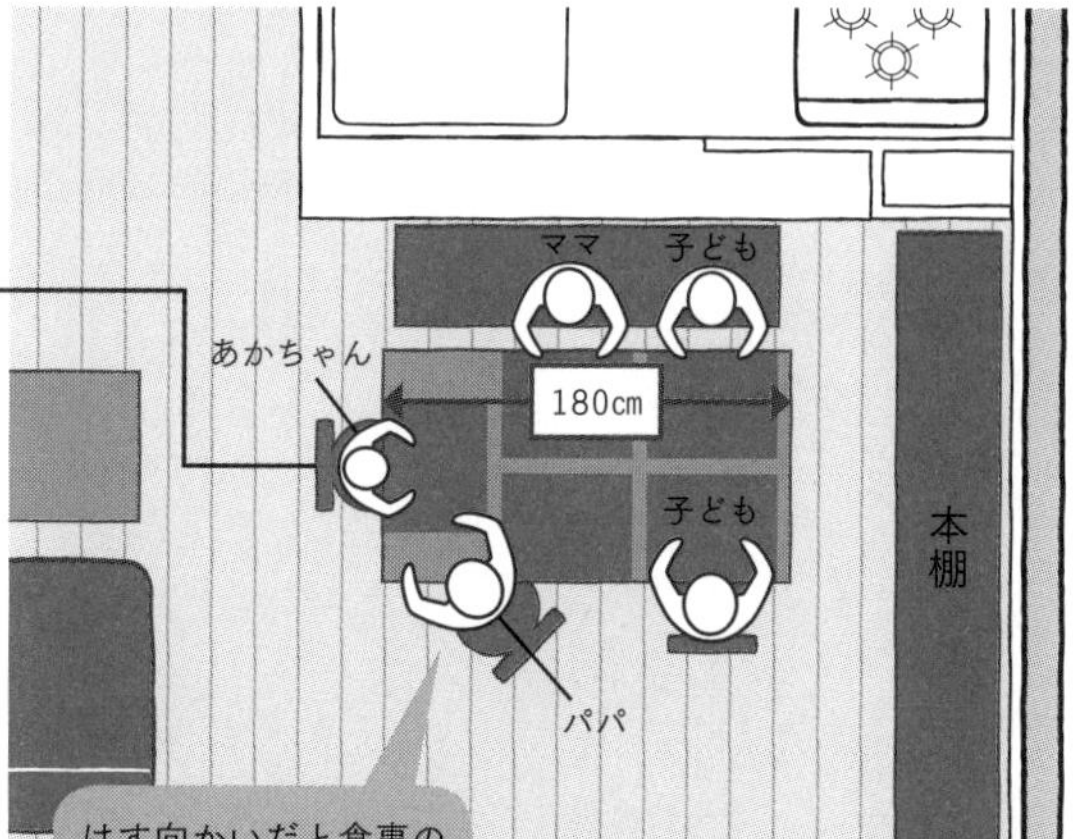

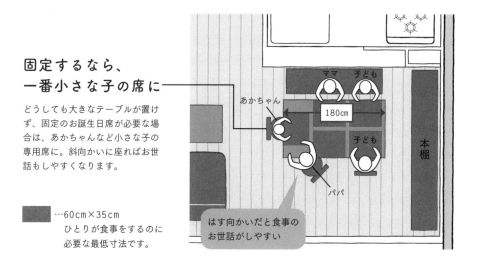

「ソファダイニング」で
リビングとダイニングを一体化

そもそもソファとダイニングテーブルのスペースを2つ確保するには、それなりの広さが必要です。むりやり2つのスペースを詰め込むことで部屋自体が圧迫されて、どちらも使いにくくなるケースは多いのです。この場合、くつろぎと食事が両方できるダイニングソファを取り入れることで空間をまとめることができます。

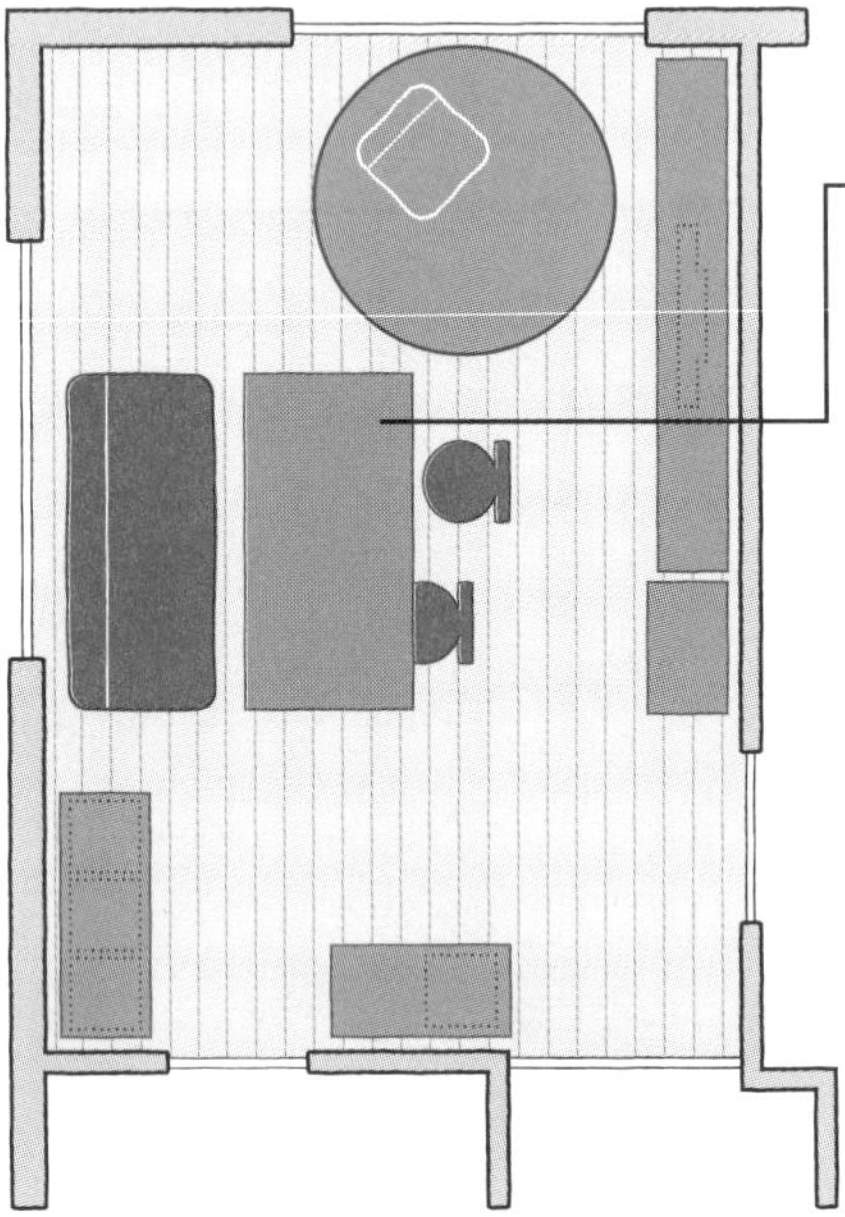

リビングの中心に大きなテーブルを

リビングの真ん中にテーブルがあれば、食事時以外にも家族コミュニケーションの中心になります。

ソファタイプならくつろぎを両立

座面の高いソファなら、ダイニングの居心地のよさが格段にアップ。目の前に大きなテーブルもあるし、読書や作業がはかどりそうです。

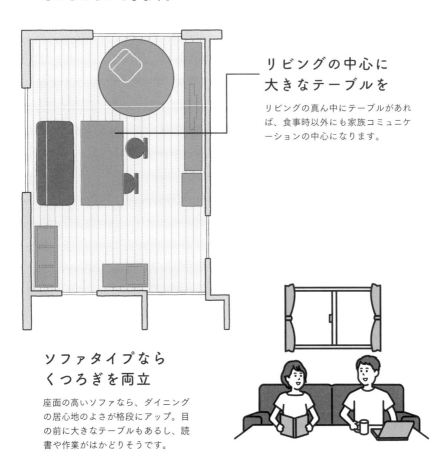

エクステンションテーブルを「伸ばしっぱなし」にしてみる

必要に応じて天板を伸縮できるエクステンションテーブル。来客時のみ伸ばす方が多いのですが、テーブルを上手に大きく活用している人たちは、伸ばしっぱなしで使っている人も多いです。

「大きいダイニングテーブルにチャレンジしたいけど使いこなせるか不安」という方にもおすすめ。伸縮させながら、どっちが自分たちの暮らしに合っているか試してみるのもいいでしょう。

4人家族なら縮小時120cmのものを

エクステンションテーブルを選ぶなら、伸ばしたときに1人70cm、縮小したときは1人60cmを基準に選びましょう。4人家族なら最小でも120cmのものを。

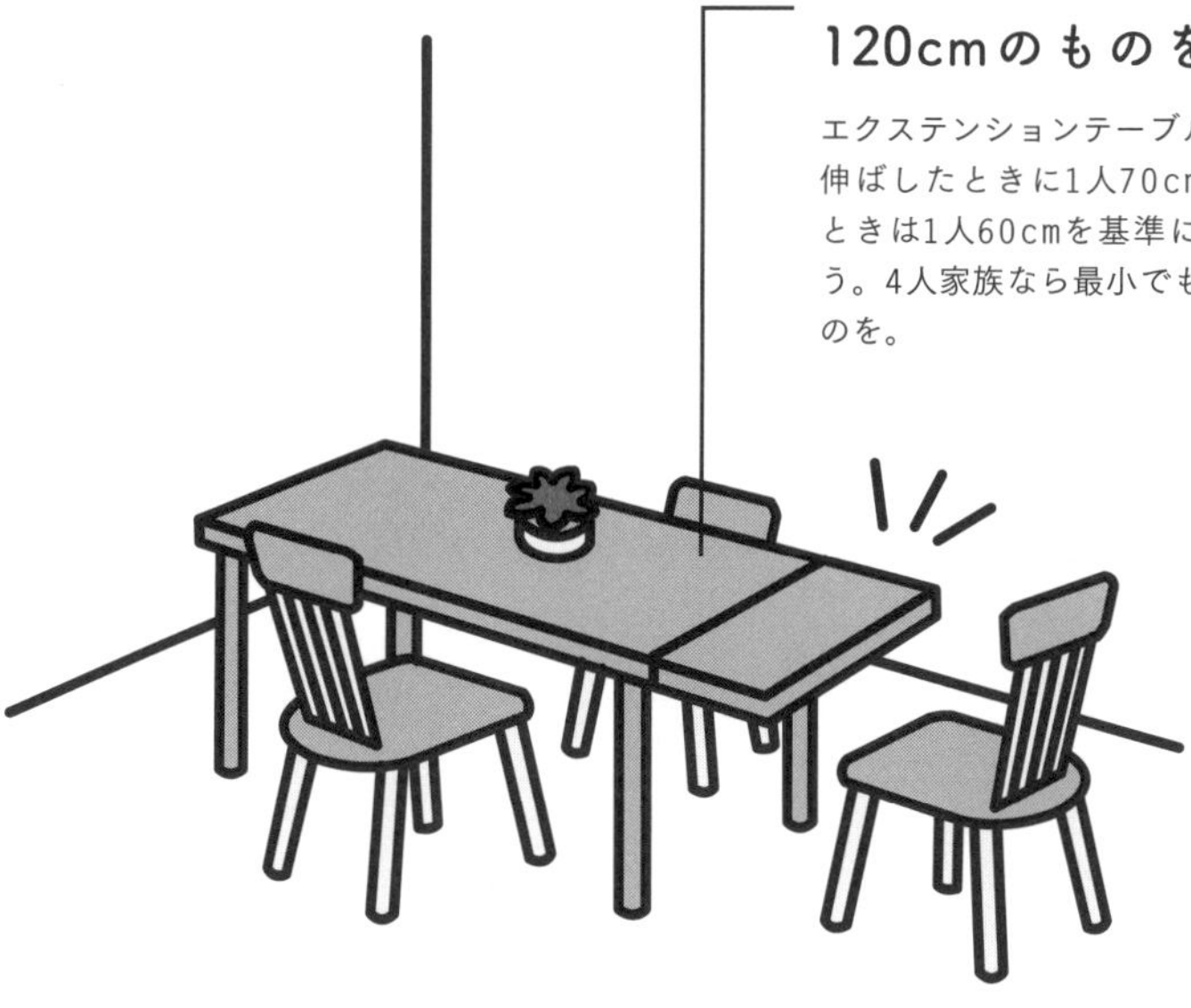

FAMILY WARDROBE

ファミリーワードローブ

最強の洗濯動線のつくり方

【このレシピはこんなご家庭に向いています】

- □ 洗濯物をあちこちの部屋にしまうのが大変
- □ いつもソファや部屋の隅に洗濯物がたまりがち
- □ 家族が自分で衣類管理をできるようにしたい

意外と面倒な衣類まわり……
思い切って一部屋にまとめよう

衣類にまつわる家事は、洗濯して干して取り込んでアイロンをかけて、仕分けしてたたんで収納して……と作業工程の多いもの。できるだけ動線をコンパクトに、そしてどーんと大きな収納スペースをとるために、一部屋にまとめてしまいましょう。

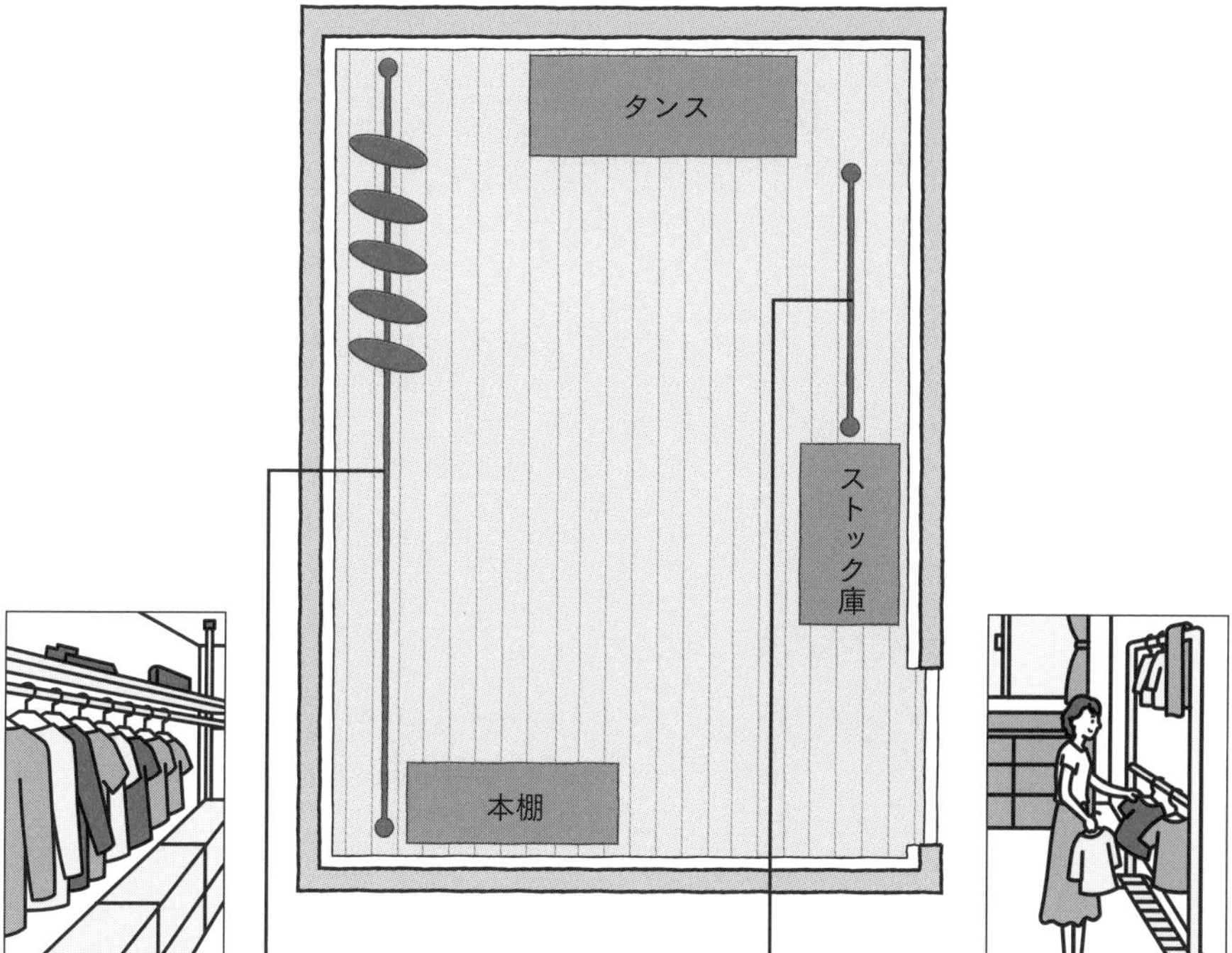

壁一面を
巨大クロゼット化

突っ張りパイプハンガーを使えば、壁が大きなクロゼットに早変わり。家族それぞれにスペースをつくって、自分で管理できるようにルール化しましょう。

洗濯物の休憩所で
山積みを回避

取り込んだ洗濯物はすぐにたためるほどヒマじゃない、そんな多忙なご家庭におすすめの仮置きラック。雨の日には室内干しとしても使えます。

衣類は一元管理で家族の自律をうながそう

ほとんどの居室には、クロゼットや押入れがついています。
その居室に備え付けられたクロゼットに洋服をしまっているご家庭も多いと思います。

一部屋に家族分の衣類をまとめて収納できているのなら、何も問題ありません。
でも、

・子ども服とママの衣類は寝室
・パパの衣類は隣の洋室
・その洋室のタンスにはママのドレス
・成長するまで着られない大量のお下がり子ども服は、和室の押入れ

というように、分散してしまっているケースがかなり多いのです。
一箇所に衣類がまとまっていないということは、衣類をしまう場所やしまい方を、家族全員で共有しきれていない可能性があります。

この問題を一気に解消してくれるのが、ファミリーワードローブです。
ファミリーワードローブとは、一部屋をまるごとワードローブに見立てて、衣類を一元

管理してしまう方法。つまり「衣装部屋」です。

「え？　一部屋まるごと衣装部屋に使うのはもったいなくない？」

と思う方もいるかも知れません。

さすがに、いましっかりと活用されている部屋をワードローブにするのは非現実的。

でも、もしも物置化してしまっている部屋があるとしたら、物置化させておくほうが圧倒的にもったいない使い方だとは思いませんか？

備え付けのクロゼットがあると、人は無意識に「そこに衣類をしまわなくてはいけないんだ」と思い込んでしまいます。

しかしバラバラと別の場所に衣類をしまっていて、本当に使いやすいでしょうか？

それぞれの部屋に洗濯物をしまいにいくのも、子どもとお風呂に入る前にあちこちから肌着とパジャマを集めたりするのも、毎日のことなら手間になります。

以前お会いした、お子さんが生まれたばかりのご家庭でも、寝室のクロゼットに衣類を収納していたことで不便な思いをされていました。

パパがお仕事から帰ってくるときには、ママとお子さんはもう寝室で眠ってしまっています。家族を起こさないようにそーっと家に入りますが、着替えたくても着替えは寝室のウォークインクロゼットの中。

衣類収納は
「暮らしやすい場所」を選ぶ

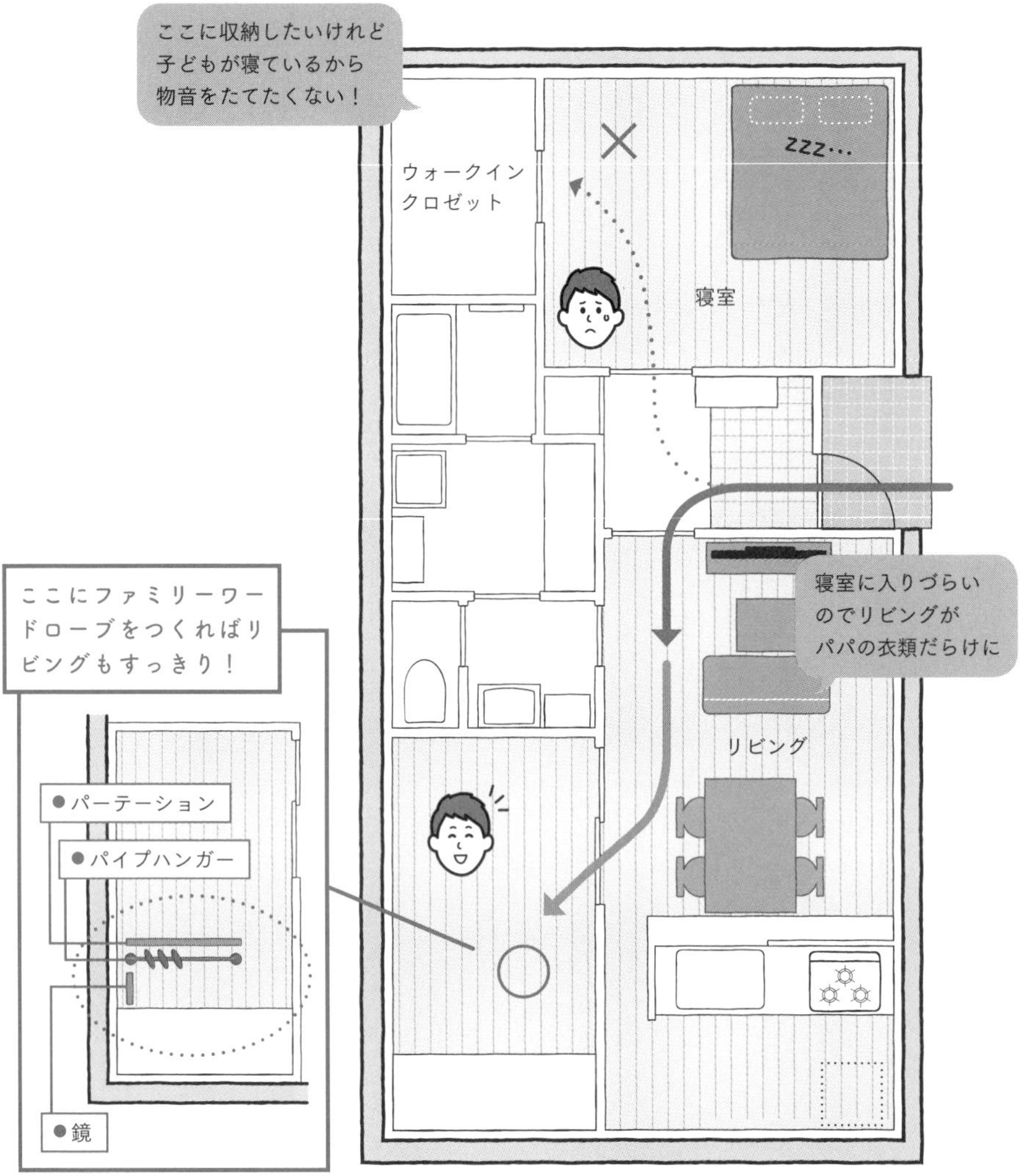

「ガサガサと着替えの物音がしたら起こしちゃうかもしれない」と気を遣って、着ていたジャケットなどは仕方なくリビングに。そのうち、リビングがパパの衣類だらけになってしまいました。

別のご家庭では、「朝はやく出勤するときに、寝室から衣類をそーっと取らなければいけなくて気疲れしてしまう」というお悩みも。

「そこにクロゼットがあるから、洋服を入れる」という発想ではなく、「どこに衣類を置いたら暮らしやすいか」という発想で衣類置き場を決めれば、洗濯も着替えもずっと楽になります。

ちなみに空いたクロゼットは、あまり使わないけど捨てられない物や、五月人形など季節によって使う物をしまっておくのにピッタリです。心配しなくても、そうこうしているうちに十分埋まるはずです。逆にスカスカになってしまうようなら、それだけミニマムな暮らしができている証拠。

それでは、ファミリーワードローブをつくるためのレシピをお伝えします。

突っ張りパイプハンガーを壁面に設置する

壁面が大容量のクロゼットに変身！　出し入れも簡単で、たくさん収容できます。メタルラックやエレクターでもかまいませんが、サイズを調整できる突っ張りパイプハンガーがイチオシ。お引越しするときも汎用性が高く便利です。

洗濯物の休憩所で衣類もほっと一息

取り込んだ洗濯物を一時的に置いておける、「洗濯物の休憩所」。アイロン台などを近くに置いておけば、最強の洗濯動線を手に入れることができます。家具が置きづらい窓際や、工事可能であれば天井から吊るすタイプでもＯＫです。

ストック庫やライブラリーとの併設も！

ファミリーワードローブは洗濯関連の機能をまとめるだけでなく、掃除道具や食品（飲み物類やお米類などかさばるもの）のストック収納と併設するのも便利です。同じように、本棚を設置してライブラリーとの併設もいいでしょう。

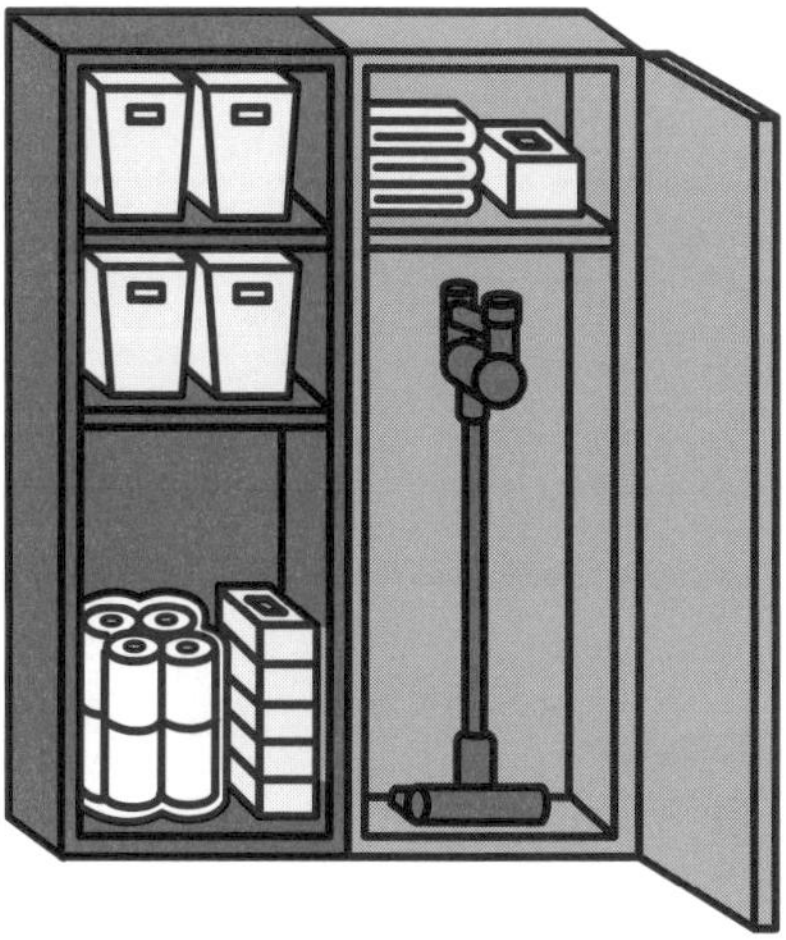

できればアクセスのいい部屋にしよう！

どうしても物置的なイメージを持たれるファミリーワードローブですが、じつはリビング・ダイニングの次に出入りが多い部屋。洗濯機やバルコニーと同じ階だと洗濯が楽になりますし、洗面室や寝室の近くだと着替えもスムーズです。

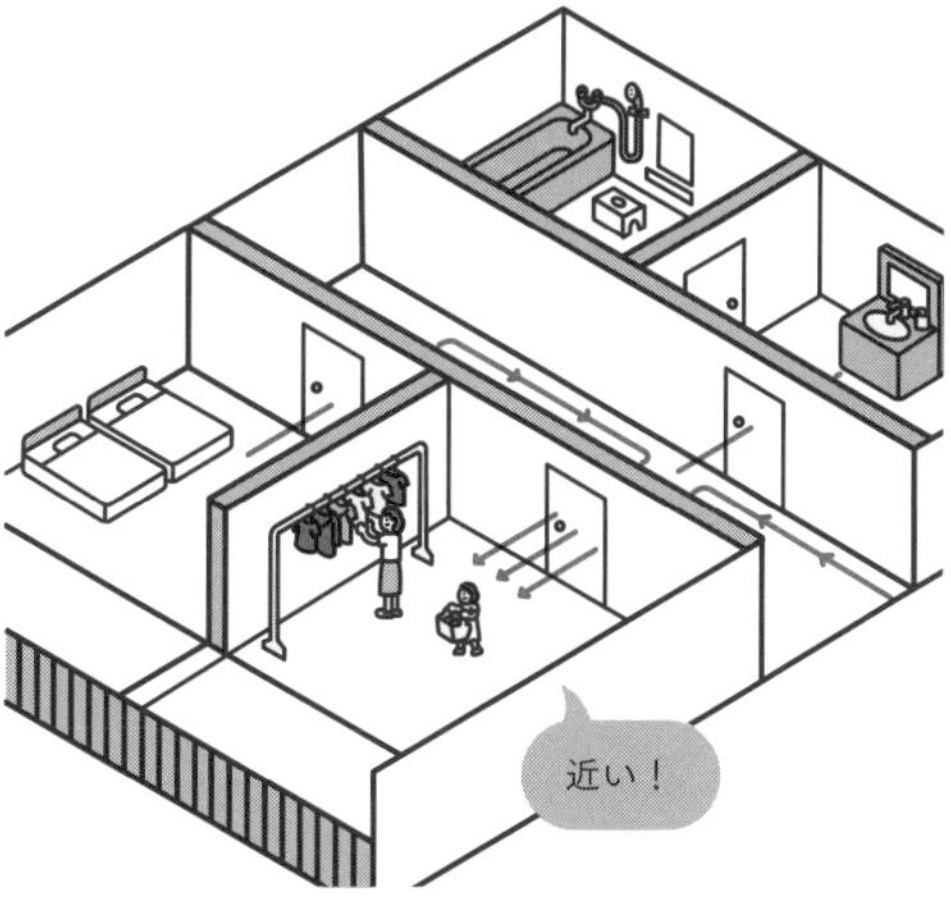

FAMILY LIBRARY

ファミリーライブラリー

わが家の知識庫

【このレシピはこんなご家庭に向いています】

- □ 本をたくさん持っている
- □ 子どもたちにも本を読む習慣をつけてもらいたい
- □ 書斎が欲しい

家中の本を一箇所にまとめよう

ついつい増えてしまう本は、小さい本棚を各部屋に置くよりも、大きな本棚でまとめたほうが家全体のスペース活用につながります。貸し借りもしやすいので、家族間のコミュニケーションも増えるかもしれません。

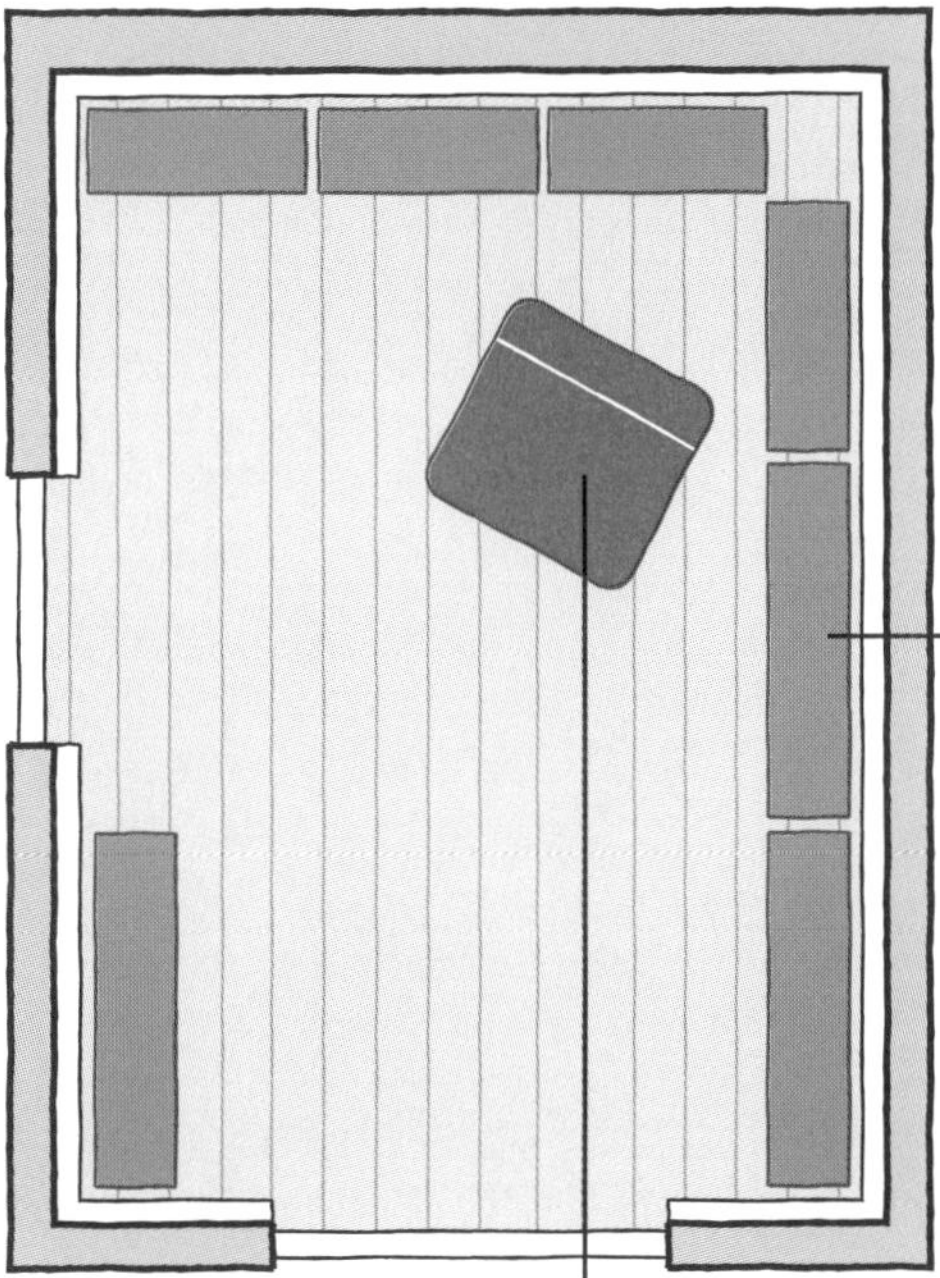

机じゃなくて、心地よいイスを置いてみる

本を読むのに大きなデスクはいりません。心地よいイスと本棚があれば十分なのです。ゆったりと座れるパーソナルチェアを一脚置けば、そこはもう完璧な読書スペースになるでしょう。

高さのある本棚で、たっぷり収納

ついつい増えてしまう本の収納は、棚の高さを活用して解決。一人ひとりのスペースをルール化して、「わたしの本が置けない！」なんてモメごとは回避しましょう。

わが家に図書室をつくろう！

たくさんの本を整理したい、もっと家族で本を楽しみたい、そんな本好き家族におすすめなのが、家族の本を一箇所にまとめて収納するファミリーライブラリーです。

本は家の中のあちこちに散らかる傾向があります。読みかけの本や積読中の本を、リビングやダイニングテーブルの上に置きっぱなしにしていませんか？

縦横無尽に本棚に詰め込んだり、ダンボールにしまったまま押し入れの奥で眠らせている、なんてことは？

それでは必要なときにすぐ手に取ることができません。

本は「知りたい情報にすぐにアクセスできる」ことで活用できます。

ファミリーライブラリーで本の検索性を高め、蔵書の価値を最大化しましょう。

本は家族でシェアしやすい物なので、本をシェアして読んでいるご家族もいます。僕自身、子どもの頃は親の本棚から面白そうだなと思う本を勝手に拝借したりしていました。家族のコミュニケーションを増やすという視点からも、ぜひファミリーライブラリーを活用してみてください。

それでは、どのようにつくるのかレシピをご紹介します。

ファミリーライブラリーのレシピ

ファミリーライブラリーの本棚は「高さがあるもの」で「奥行きが深くないもの」が最適。地震対策もしっかりおこなって、豊かで安全な読書ライフを送りましょう！

高さをちゃんと活用する

棚の上に隙間があると物置化しやすいので、できるだけ天井いっぱいの高さがある本棚を選ぶのがおすすめです。高さをしっかり活用できると、思った以上の収納力を発揮してくれます。

できるだけ奥行きの深くない本棚を選ぶ

本棚は、シンプルな奥行き28〜30cmくらいのものがおすすめ。前後に重ねてしまうと、奥には何の本が置いてあるかわからなくなり、検索性が下がります。

家族それぞれの場所を明確に割り振る

あらかじめ、一人ひとりのスペースをルール化しておきましょう。「この本棚はパパの本棚」と棚単位で分けてもいいですし、「上から3段はママの場所」と1つの本棚を分けてもOK。

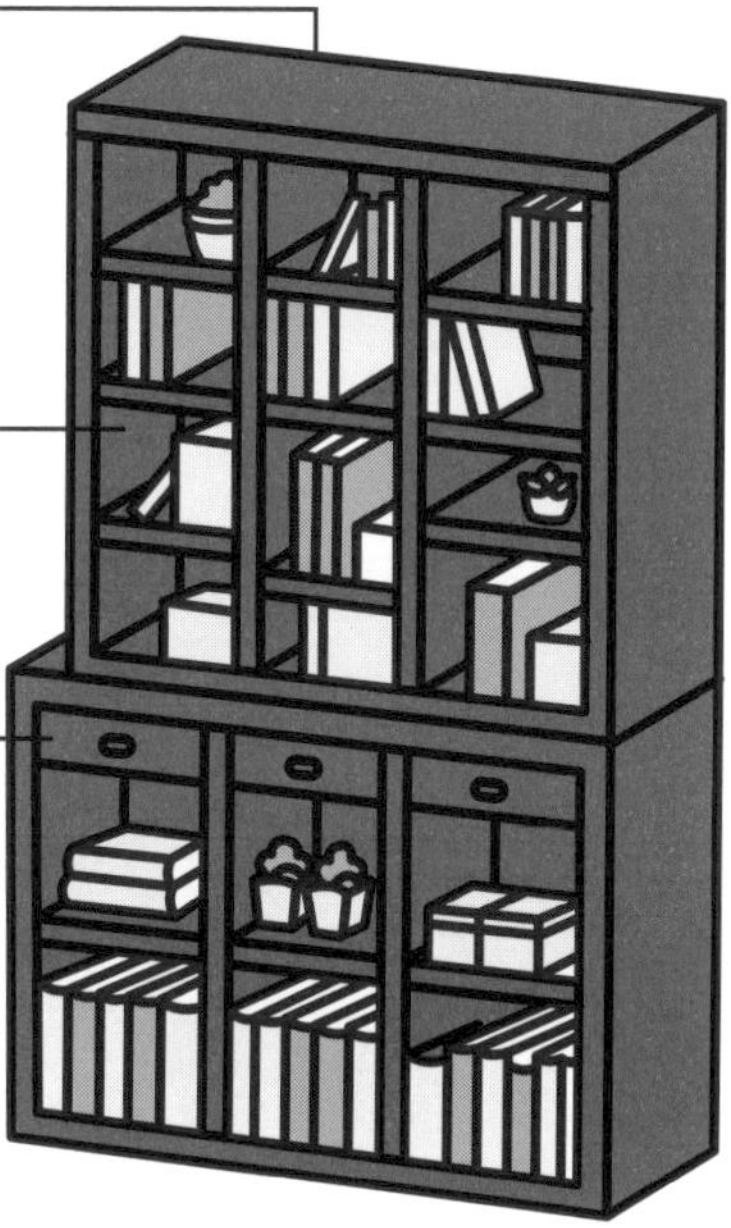

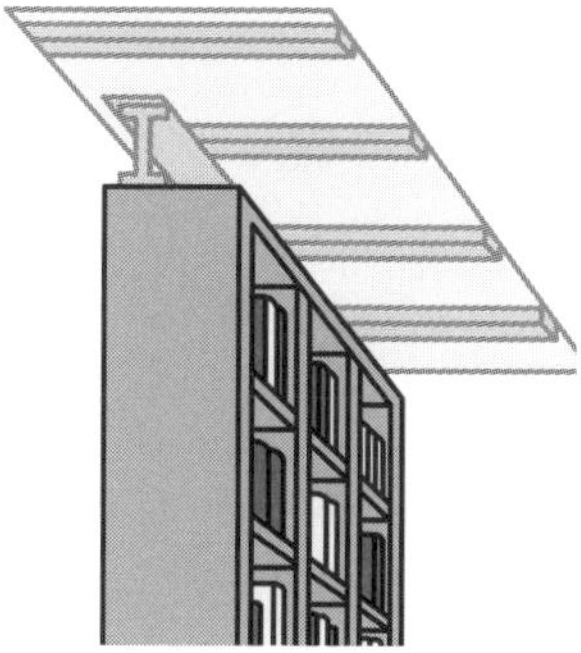

地震対策にはコツが必要

地震対策の突っ張り棒は、適当に設置してもあまり効果が望めません。ちゃんと天井下地に噛み合っているか、家具の奥の両端に設置されているかなど、しっかり取り付けるための条件があります。（※詳しい取り付け方法は東京消防庁のHPを参照）
突っ張り棒は難しそうだという場合は、簡単に設置できるテープタイプもあります。これと、家具の下にかませるマットタイプを併用するといいでしょう。ただし、剥がすときに壁紙に跡が残ってしまう可能性が高いので、壁紙を汚したくない人は要注意。

FAMILY SHARED OFFICE

ファミリー シェアオフィス

わが家をコワーキング化する

【このレシピはこんなご家庭に向いています】

- □ 兄弟や姉妹それぞれに個別のデスクを用意するスペースはない
- □ 親も自宅で仕事をするスペースが欲しい
- □ 集中してこもれる書斎が欲しい

集中するための部屋を確保しよう

在宅ワークや勉強には、環境づくりがとても大切。家族全員が使える集中スペースを用意しておけば、ストレスを抱えずに作業に打ち込めます。

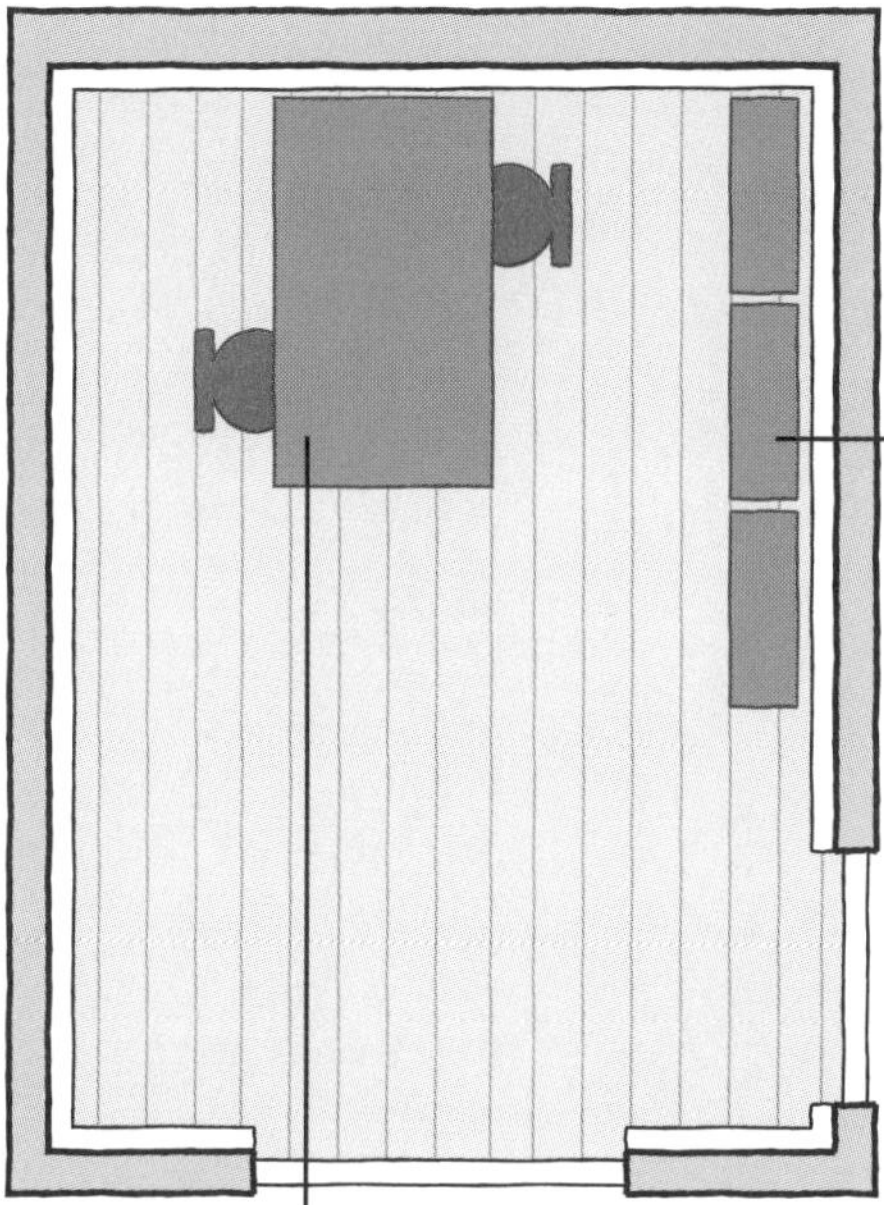

個人ロッカー併設で片づけルールを仕組み化

各人に、文房具や書類、PCなどを収納できるスペースを用意。他の部屋まで片づけに行く手間を省いて、出しっぱなしを防ぎます。

デスクは2人以上で使えるサイズをセレクト

1人用のデスクでは占有化しやすいので、2人以上が座れる大きさのものを選びましょう。窓際に配置するならカウンターデスクもおすすめです。

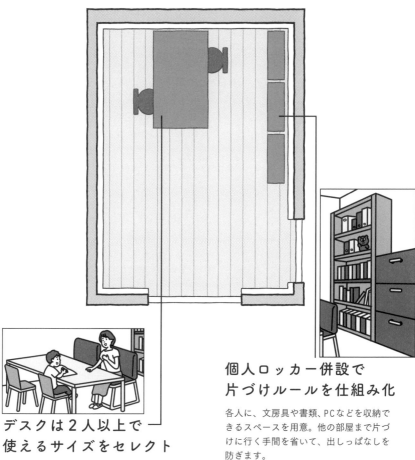

親も子どもも「集中する場所」が必要だ！

働き方が多様化し、在宅で仕事をする会社員やフリーランスの方も増えていくでしょう。出社しないとできないと思っていた仕事も、在宅で対応できるよう環境の整備が一気に進んでいます。日中だれもいなかった家の中に、仕事や勉強のためのスペースが必要になっている。そんなご家庭も増えたのではないでしょうか。

そこでおすすめなのが、このファミリーシェアオフィス。

文字通り、家族用のシェアオフィスを家庭内につくってしまうのです。

もちろん仕事に限らず、子どもの勉強スペースとしても活用できます。そろそろリビング学習は卒業だけど、学習机は個人の部屋に入るだろうか……といった悩みも、このレシピで解消できます。

また、たとえば兄弟がいるご家庭の場合、「子ども部屋を2部屋つくる」と考える方が多いと思います。このとき「2段ベッドを置いた子どもの寝室」＋「ファミリーシェアオフィス」をつくると考えてみると、子どもの寝るスペースと勉強スペースが用意できることに加えて、親の作業スペースと、大量の本棚収納を生み出すことができます。仕事の書類やＰＣも行き場をなくさずにしまっておくことができますね。

もちろんこれは、どちらが正解ということではありません。ご家族で話し合いながら、どういった使い方が向いているか、考えてみてください。

子どもの人数分、子ども部屋が必要?

子ども部屋に必要な機能は何でしょうか? プライベート空間か、寝るためなのか勉強のためか。もしその機能を他の部屋で補えるなら、部屋分けの選択肢が広がります。

子ども部屋を2部屋つくる場合

↓

一人ひとりのプライベート空間

子ども部屋+シェアオフィスの場合

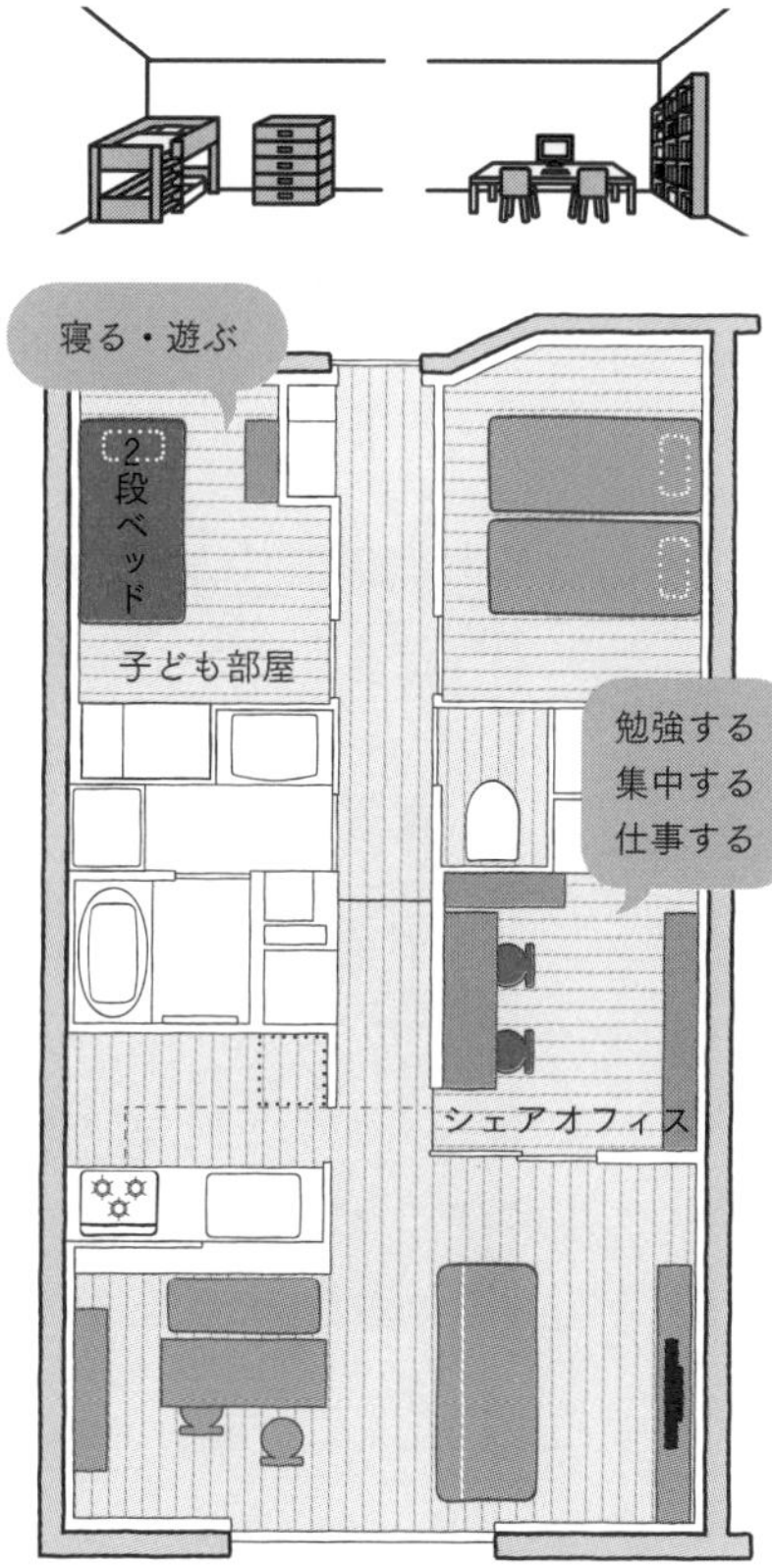

↓

家族の集中スペースと本や書類の収納

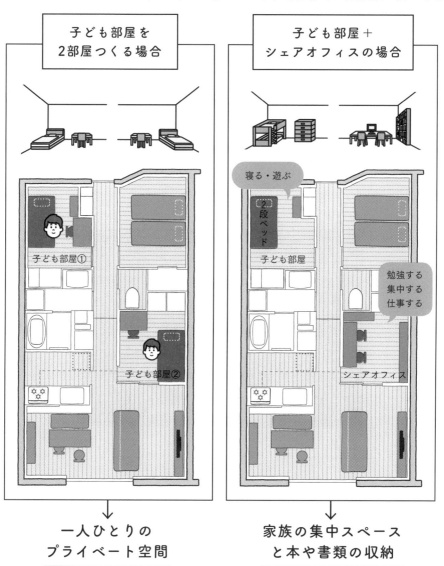

ファミリーシェアオフィスのレシピ

ファミリーシェアオフィスに必要な材料は、フリーアドレスのワークデスクと本棚。全員が同時に作業をすることはほぼないでしょうから、2人が同時に使えるサイズのデスクで十分です。家族みんなでシェアして使うスペースなので、ルールを守れないとすぐに散らかってしまいます。ファミリーシェアオフィスにおける何よりも大切なルールは「使い終わったらテーブルに私物を置いておかない」こと。このルールを守りやすい仕組みをつくっておきましょう。

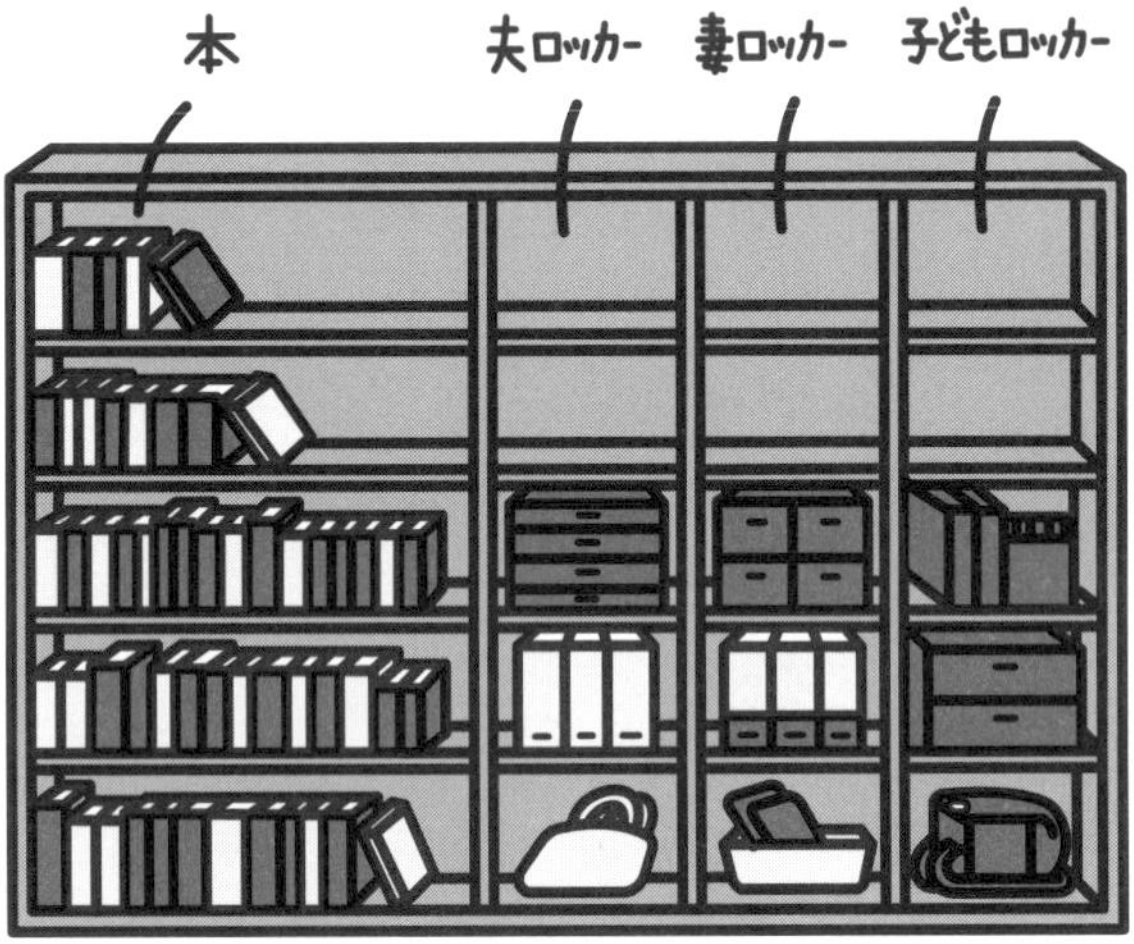

個人ロッカーを近くに設置

本棚の一角を各自に振り分けて個人ロッカーに。本をしまうだけでなく、小さな引き出しを入れて小物や文具、名刺や封筒などをしまう場所をつくりましょう。

前述のファミリーライブラリーととても相性がいいので、両方を兼ねた部屋づくりにするのもいいでしょう。

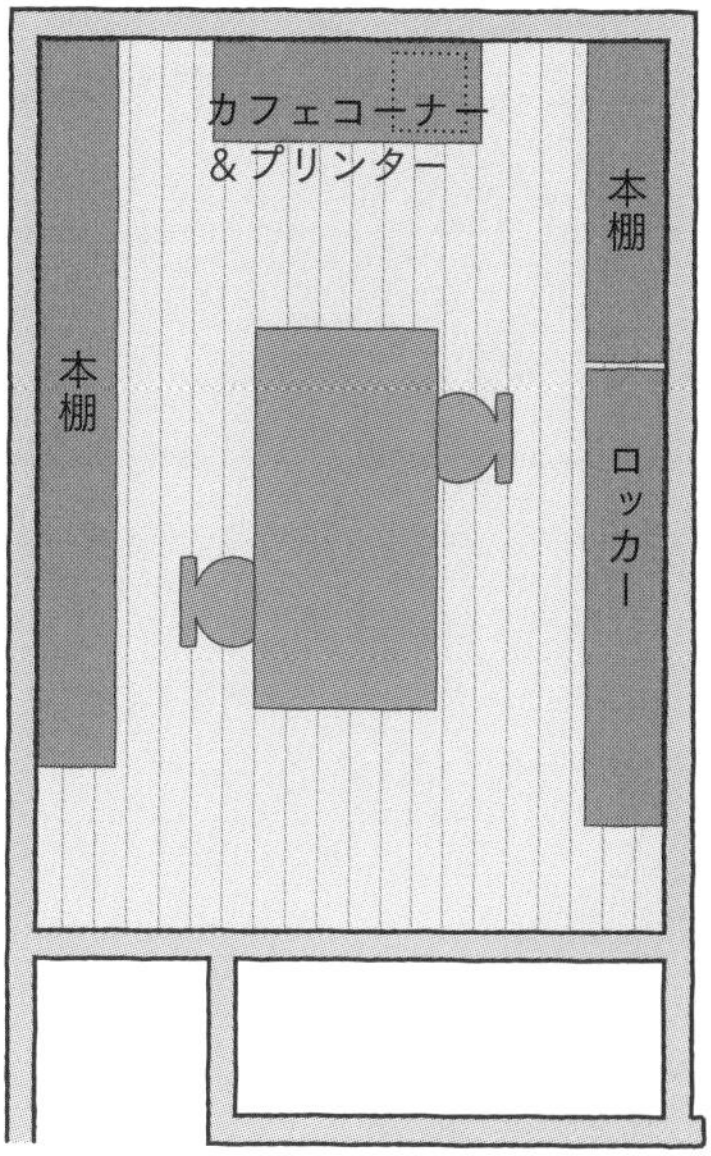

部屋の中央にテーブルを配置

テーブルを部屋の中央に置くと、壁面に本棚を並べてたっぷり収納をつくることができます。ただ、椅子を引くだけのスペースが必要なので、部屋が少し広めでないと難しいかもしれません。

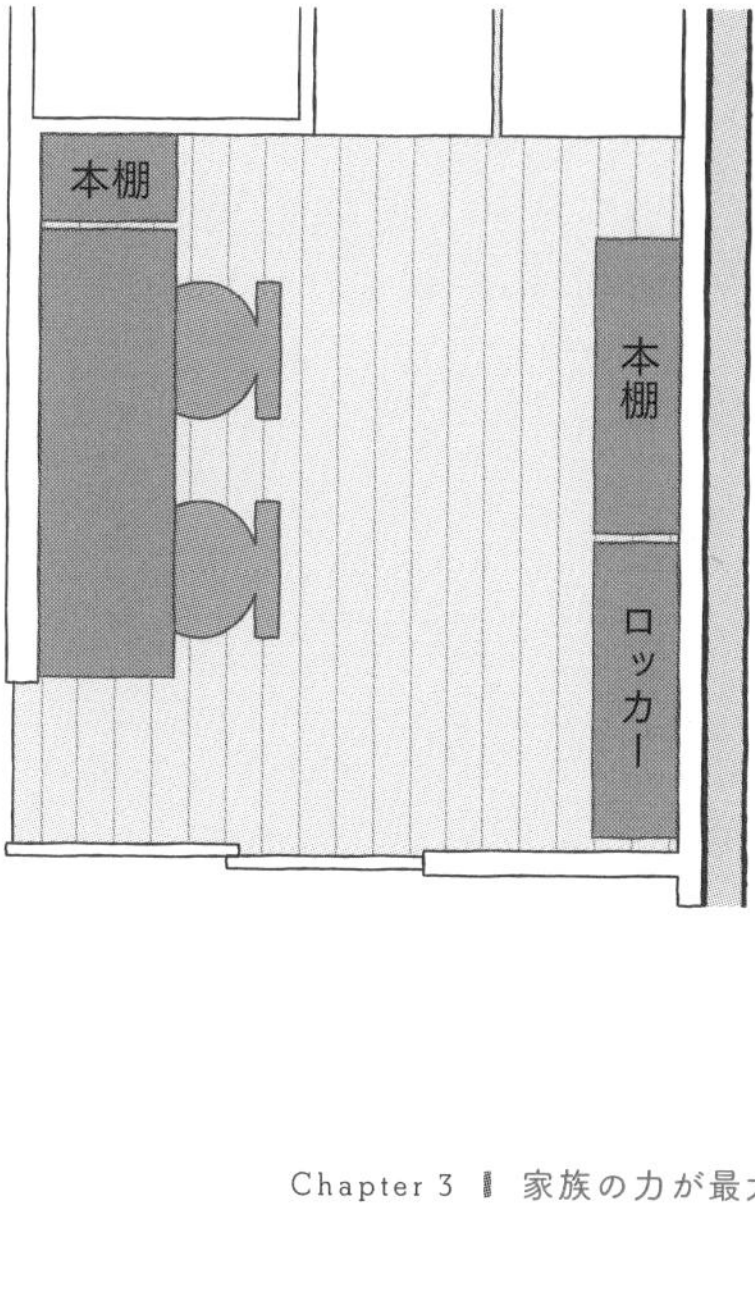

壁面にカウンターデスクを配置

壁の一面をデスクスペースとして活用するのも手です。その分本棚は少なくなりますが、部屋が狭い場合でもつくることができます。また、カウンター前の壁にホワイトボードシートを貼るなど、壁面を楽しく使う工夫をするのもおすすめです。

KID'S SPACE

キッズスペース

子どもが安心できる遊び場

【このレシピはこんなご家庭に向いています】

- □ キッズスペースをつくったのに、子どもがそこで遊んでくれない
- □ キッズスペースをつくりたいけど、どんな場所がいいのかわからない
- □ 子どもが自分で片づけしやすいキッズスペースをつくりたい

キッズスペースは、親の存在を感じられる場所に

子どもにはのびのびと遊んでほしい一方で、あちこちにおもちゃが散乱すると途方に暮れてしまうのも事実。親も子も気分よく過ごせるキッズスペースをつくりましょう。

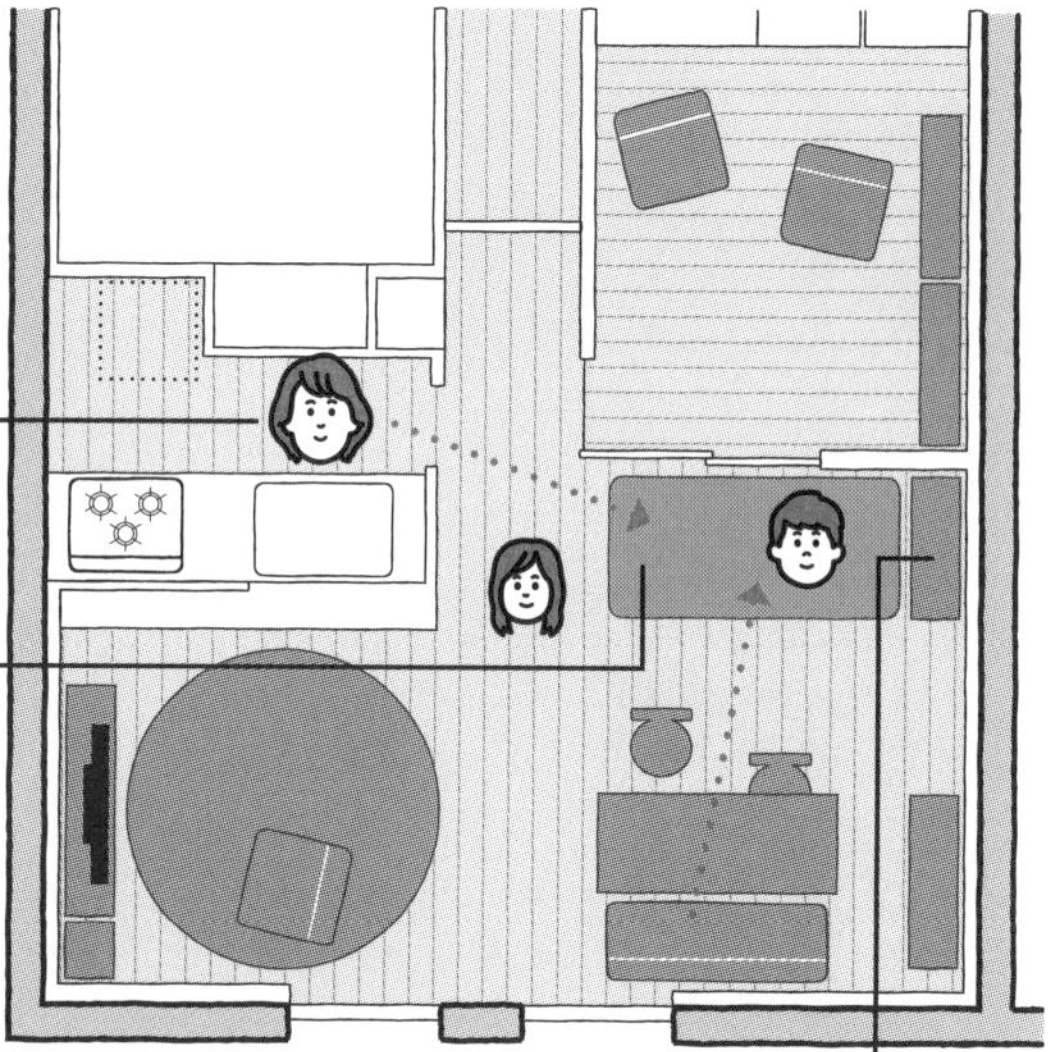

親の視線の先につくる

小さな子どもは親の近くで遊びたいもの。広さよりも視界を意識して場所を選べば、そのスペースの中でおもちゃを広げることが増えて、お片づけもしやすくなります。

カーペットで空間を仕切る

仕切りがあることで、子どもは「ここまでが遊び場」と認識して、おもちゃが散らかりにくくなり、親も「ここは散らかる場所だから」と、多少は気にならなくなります。

出し入れしやすいおもちゃ棚

おもちゃは色や形もバラバラなので、つい蓋付きの箱などで隠す収納をしたくなりますよね。でも、子どもはとっても面倒くさがり（大人も？）。出し入れのハードルが少しでも増えれば興味を失ってしまいます。おもちゃ棚は「子どもの目線の高さから中身が見える」「手を入れて出し入れしやすい隙間を設ける」ことがポイントです。

キッズスペースと親の視線のあなどれない関係

未就学の小さなお子さんのためのキッズスペースづくりで大切なのは、遊んでいる子どもの視界に、ちゃんと親の視線が入るかどうかです。

子どもがまだ小さいうちは、「親の目線の先」で遊ぼうとするものです。もっとわかりやすく言えば「親の近く」で遊びたがる。

「そんなの当たり前じゃん」と思うかもしれませんが、問題は、その当たり前の事実とキッズスペースの場所が噛み合っていない場合です。

「せっかくおもちゃスペースがあるのに、リビングで散らかし放題にするのがストレス」
「おもちゃが家中に散乱するからお片づけが大変」
「子どもがまったくお片づけをしてくれない」

そんな課題を抱えるご家庭に共通しているのが、「キッズスペースを親の視線を感じられないところにつくっている」こと。

広々としたスペースを確保するためにリビングの隣の部屋をキッズスペースにしていたり、リビングとは違う階の部屋（将来の子ども部屋）におもちゃをまとめていたりします。

子どもってすぐに「ねぇ！　これ見て！」と寄ってきたり、「遊ぼうよ！」と誘ってきたりしますよね。それは親と一緒にいたい、見てもらいたいから。

小さいうちはまだ視野も狭いし、感じられる世界も小さく、自分の視界に入っていないことを想像したり感じたりするのが難しい。

だから親にしてみれば「すぐ隣の部屋にいるし、壁で区切られてるわけでもないのに」と思っても、子どもにしてみれば「親がいない！」と不安になるのかもしれません。

子どもが小さいうちは「広さ」よりも、親の視線の先という「場所」を意識してキッズスペースをつくりましょう。

それで完全に家中におもちゃが散らからなくなるわけでも、見違えるようにお片づけをするようになるわけでもないでしょう。

でも、プラレールやブロック、おままごとなど、おもちゃ箱の近くのほうが集中して楽しめる遊びは、キッズスペースでやる頻度が高くなるでしょう。

その場で遊べば、お片づけもしやすくなります。

迷ったらTVの近くをキッズスペースに

TVは家族の視線を集める物です。2〜4歳くらいのお子さんなら特に、ソファからTVまでの空間におもちゃを持ってきて遊んでいるのではないでしょうか。常に親の視線があって、安心感を得られる場所のひとつとして、検討してみてください。

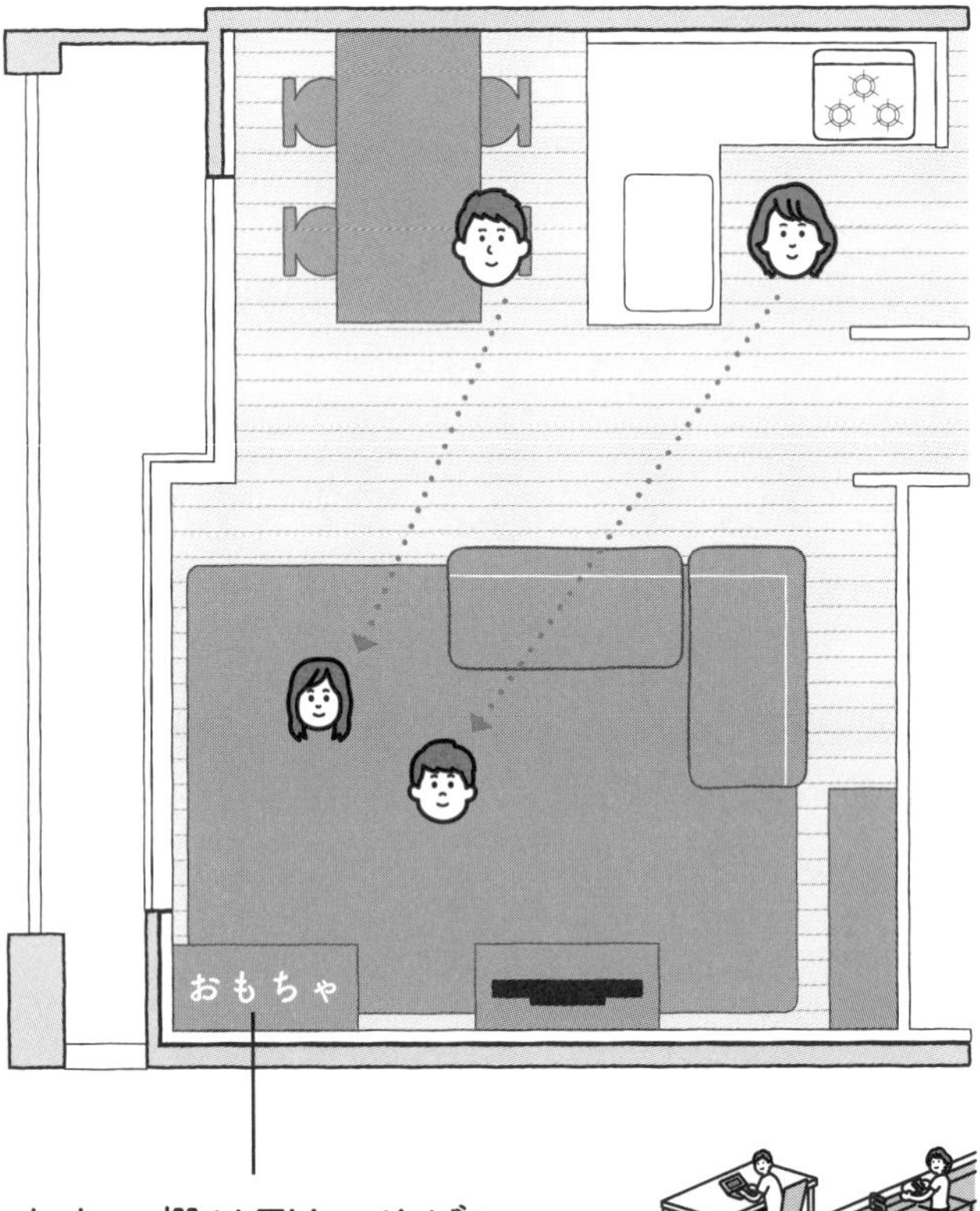

おもちゃ棚はTVのそばに

子どもたちの動きはとてもシンプルです。遊びたい場所の近くにある物で遊ぶし、遠くにある場所へは片づけをしに行きません。

子ども部屋を親子の空間にアップデート

リビングにキッズスペースをつくれない、つくりたくない場合もあると思います。でも一日中つきっきりでキッズルームにいるのもしんどい。そんなときは、その部屋で親も長時間過ごせるような工夫をして、親子の時間を心地よくしましょう。

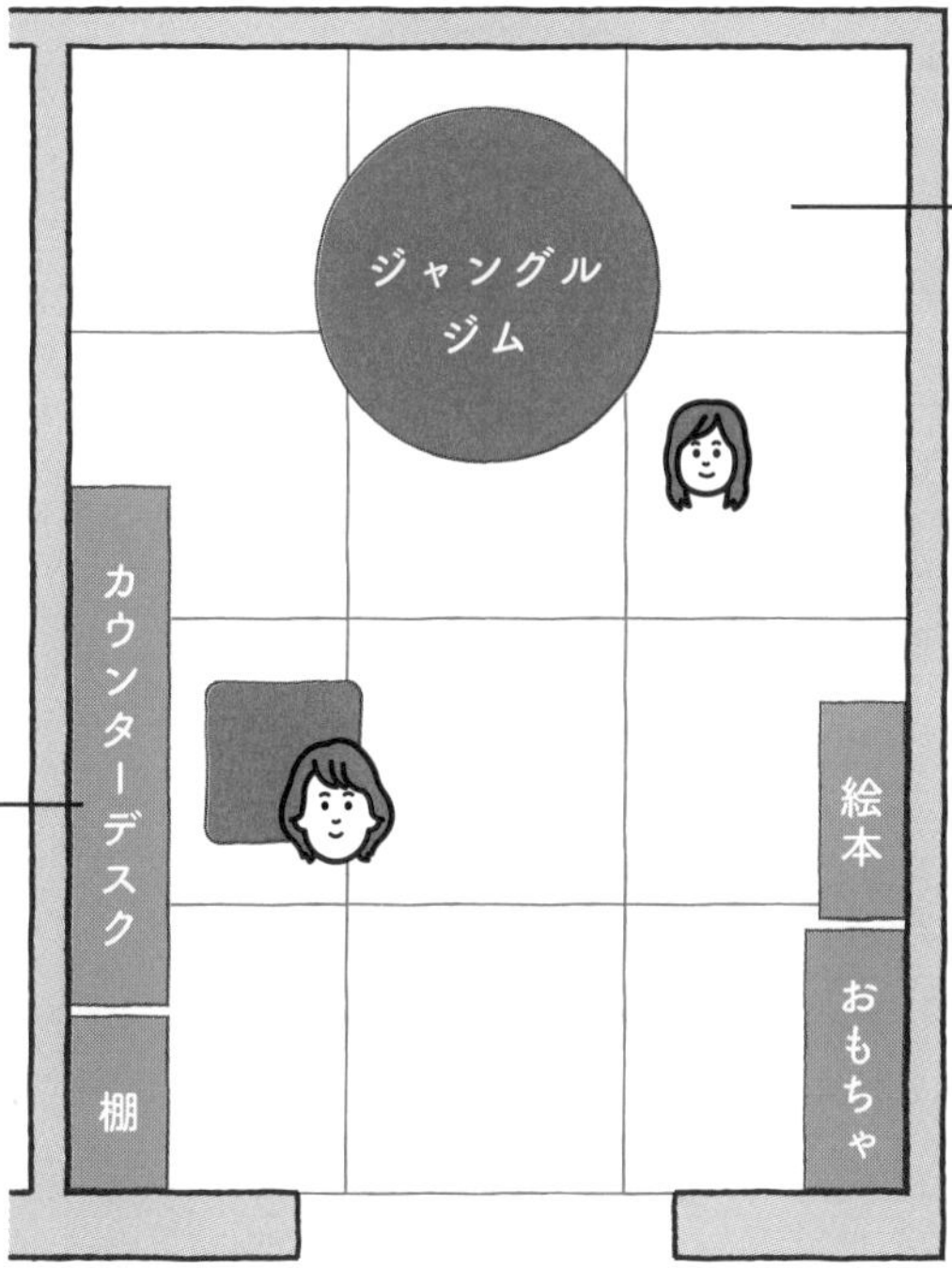

ジョイントマットを敷く

親も子どもも安心してくつろげるジョイントマット。成長したあとはマットをはずしてイメージチェンジも。

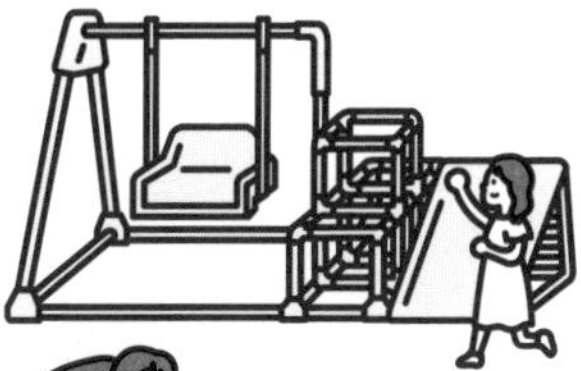

親スペースをつくってみる

あとで読もうと思っていた本やお茶などを置くスペースをつくりましょう。あるママさんは、趣味のクラフトやネイルを楽しめるように床座向けのカウンターを置き、お絵かきや工作をするお子さんの隣で趣味に興じることができる空間をつくりました。

作業台があると
料理もお手伝いも快適になる

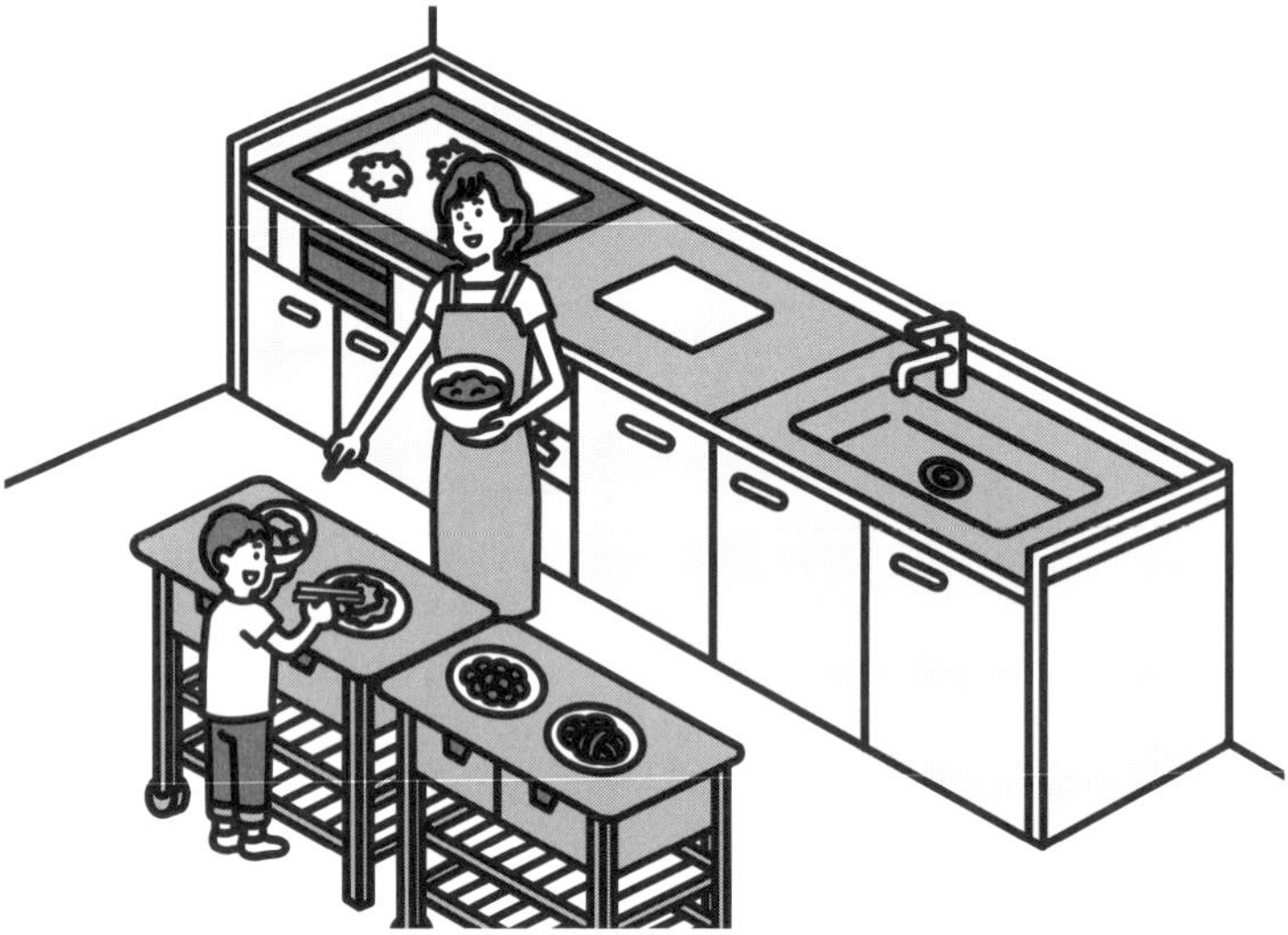

キッチンに広い作業スペースがあると、調理や片づけがとたんに効率的になります。

しかしキッチンは、ただでさえ物があふれる場所です。食材に食器、調理器具、そして大きな家電類。今キッチンにあるものを動かして、作業スペースを少しでも広く確保できるように工夫してみましょう。

特に場所をとる調理家電は、できるだけ高さを活かした収納がおすすめ。横に並べるよりもずっとスペースを節約できます。

食器類も、よく使う物だけをキッチンに残して、あとはダイニングに移動させるのも手。

子育てをしていると、毎日の料理や片づけは手早く済ませたいですし、子どもたちが「お手伝いした〜い」と言ってくるならそのチャンスもきちんと活かしてあげたいですよね。

そんな子育て家庭には、キッチンの作業スペースが救世主になること間違いなしです。

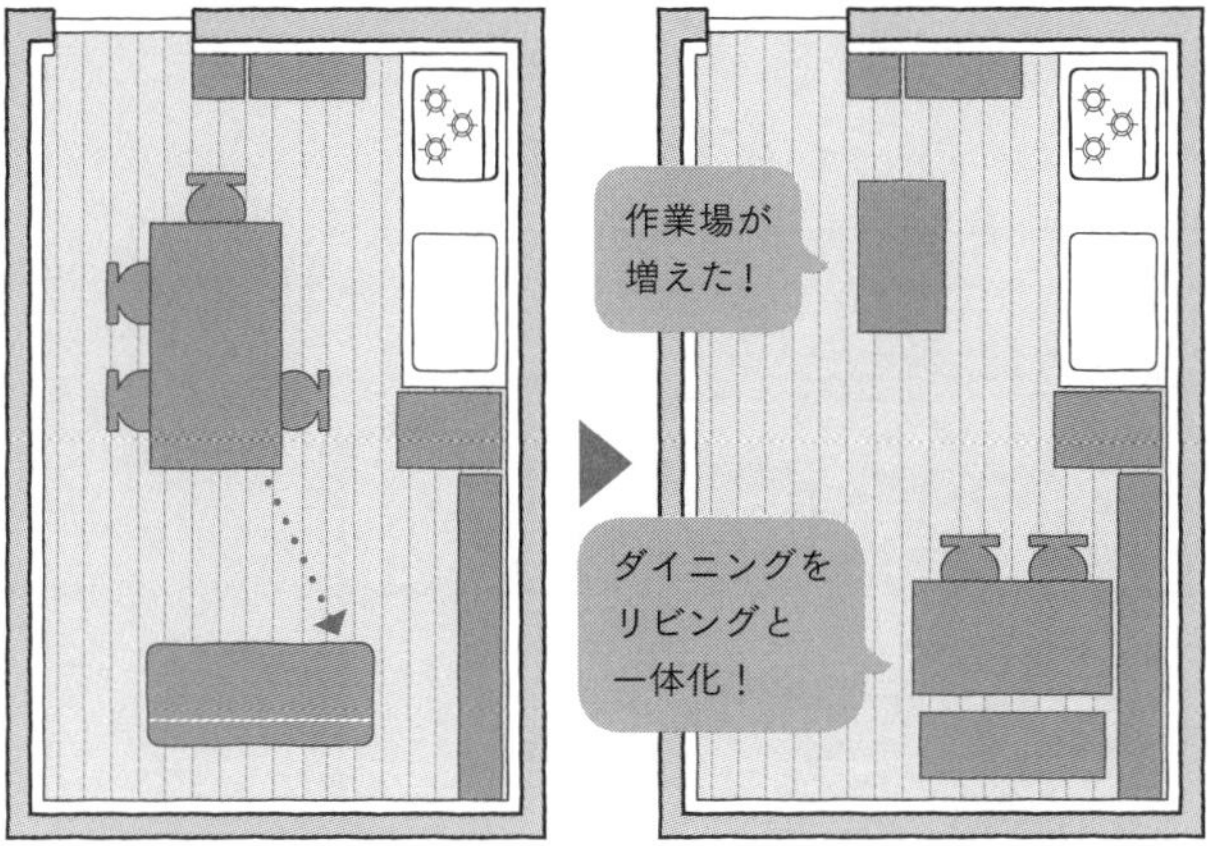
作業場が
増えた！
ダイニングを
リビングと
一体化！

「キッチンカウンター」で作業場を拡大する

もしもキッチンの側に使いにくいスペースがあるなら、カウンターを置いてアイランドキッチンにしてもいいでしょう。スペースがない場合でも、リビングとダイニングを一体化させると作業カウンターを置くことができます。

「可動式のカウンター」も心強い味方

常設が難しいなら、可動式のカウンターを近くに待機させておくのもおすすめです。

盛り付けまで終わった料理や切った材料を置いておいたり、レシピ本を広げたり、子どもたちに野菜をちぎってもらったり。作業台が広くなるだけで、ぐっと快適になります。

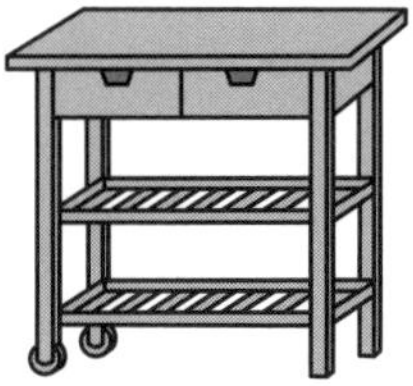

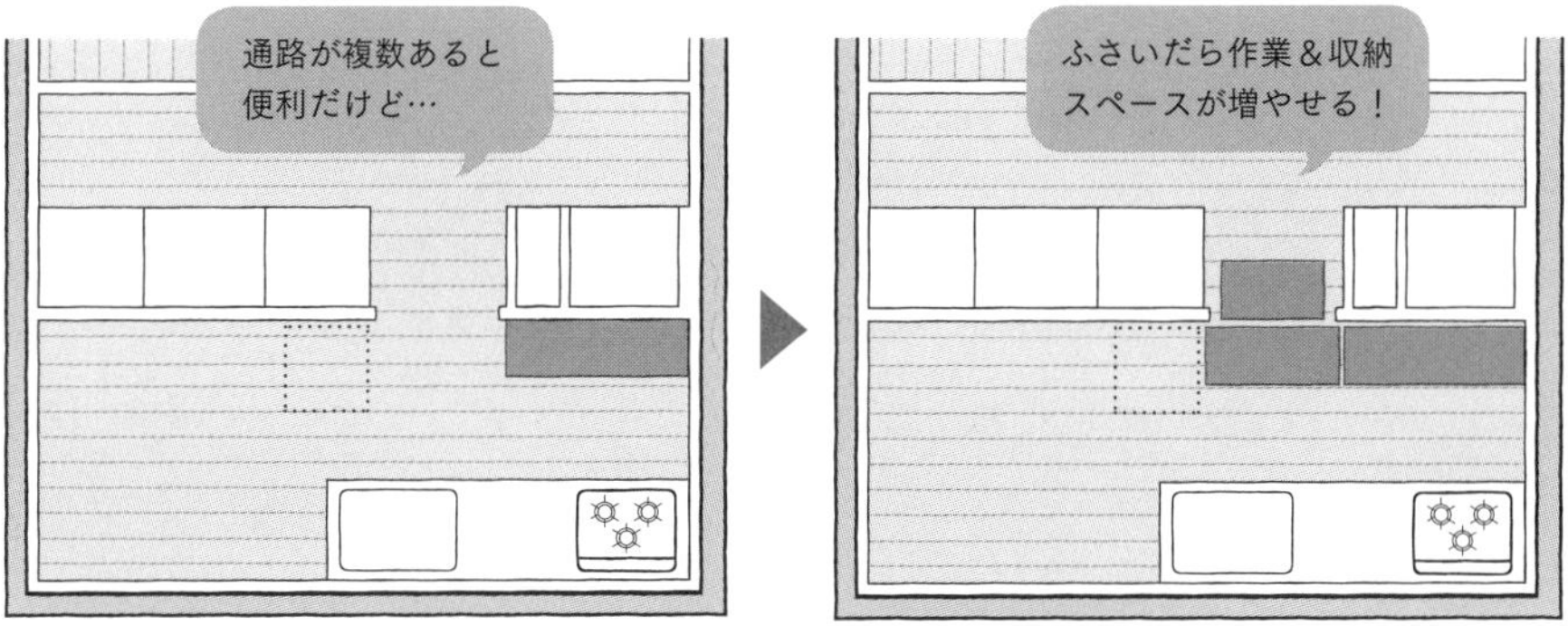
通路が複数あると
便利だけど…
ふさいだら作業＆収納
スペースが増やせる！

「通路はすべて開ける」を疑ってみる

キッチンから洗面室への出入り口など、いくつか通路があるとたしかに便利だけど、その分収納も作業スペースも少なくなってしまいます。思い切って出入り口の前に作業台を置くことも検討してみましょう。裏側の洗面室にも、収納が増やせます。

ごちゃごちゃするキッチンは パントリーとゴミ箱で解消

キッチン収納の中はいつだってギュウギュウ。パントリー（食品庫）があると、キッチンの中の収納をスッキリさせることができます。

すぐに使わないストック品たちは専用の置き場所をどこかにつくってしまって、家族が動きやすいキッチン空間をつくりあげましょう。

そして、意外とスペースをとって邪魔者扱いされるのがゴミ箱。しかし生活には不可欠な、使用頻度が高いものです。

だからこそ、隅っこに追いやるのではなく、一番アクセスしやすい場所を最初に確保してあげましょう。ゴミ箱をどこに置くかで、キッチンの収納プランは大きく変わります。

他の収納は、それから考えていきましょう。案外、キッチンに収納しなくてもよいものも多いのです。

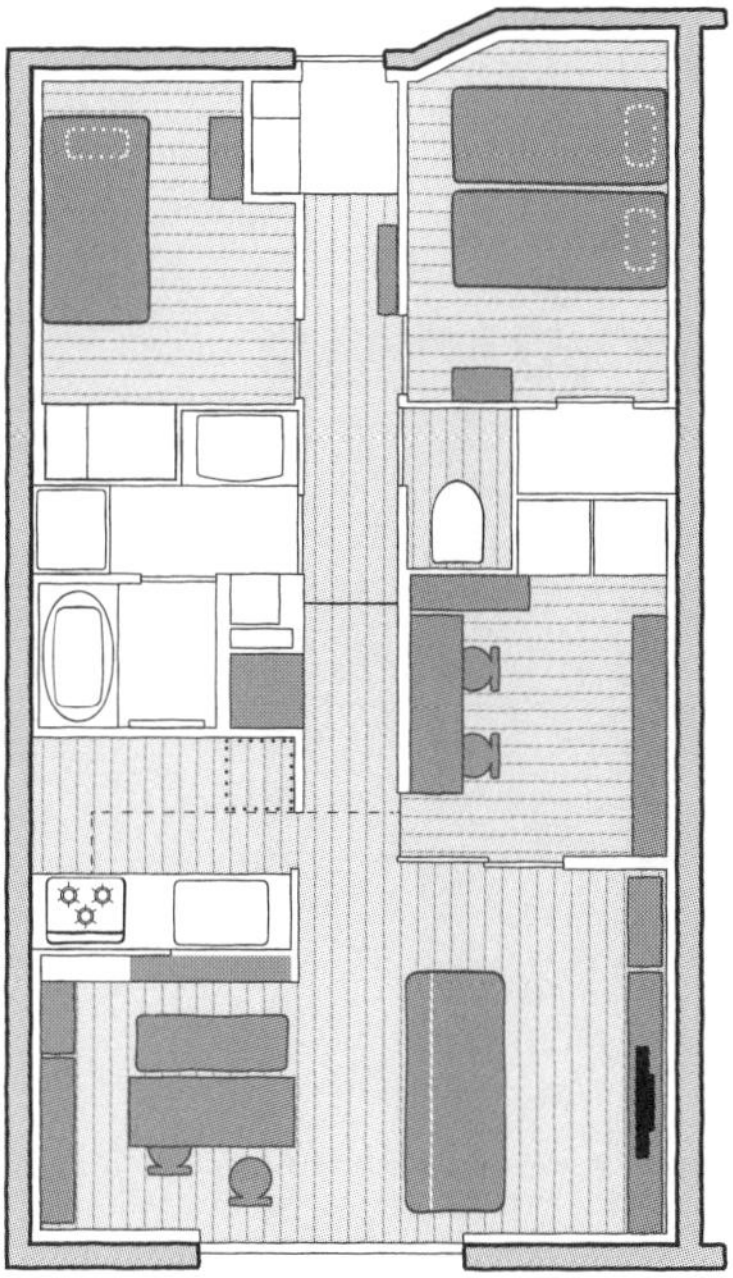

ストックは「キッチンの外」に出す！

ふだん使わない食品ストックや食器などは、キッチンから出してしまったほうが合理的です。ダイニング付近の棚やキッチンカウンターの下、リビングの備え付け収納などがパントリーにおすすめ。玄関近くの廊下や部屋なら、買ってきてからの収納がスムーズです。

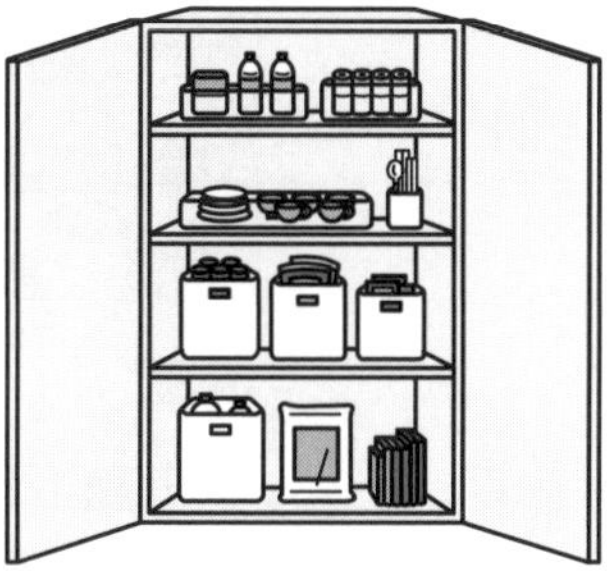

「奥行きが浅い棚」がパントリー向き

パントリーは奥行きが浅いほうが使いやすい。

奥に入れると忘れてしまうので、油断していると賞味期限切れ食材のたまり場に。奥行きがある場合は「奥に洗剤やキッチンペーパー、手前に食品」のように食材を奥にしまいこまない工夫を。必ず収納カゴを使うのも忘れずに！

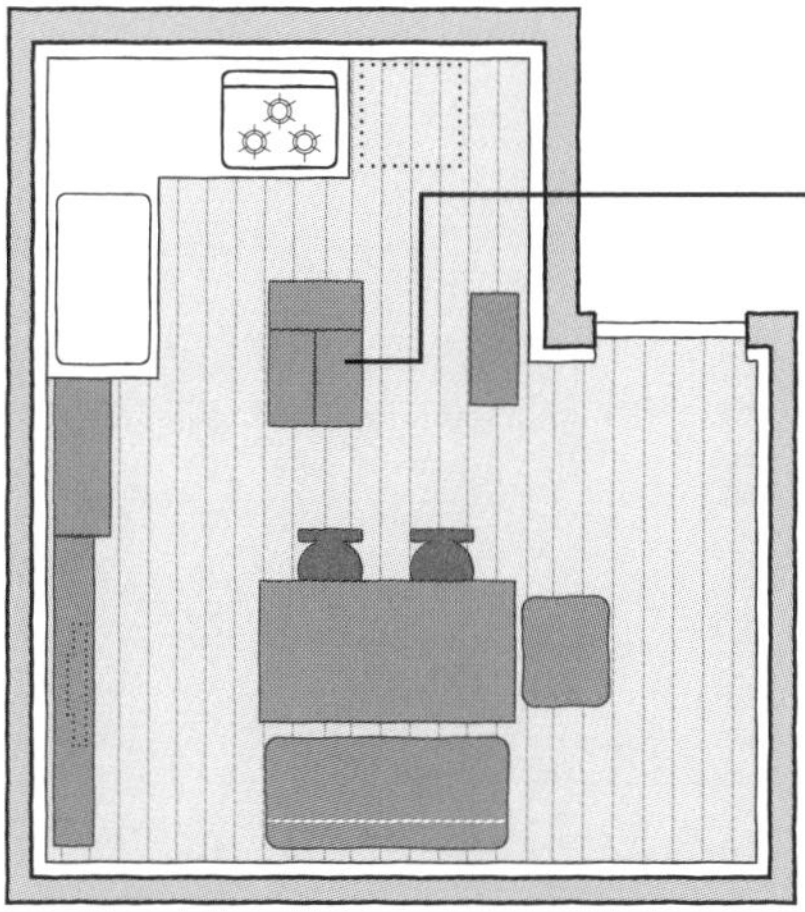

意外とかさばるゴミ箱は「一等地」に

ゴミ箱はアクセスしやすい一等地に。あとから空いた場所に置こうとすると、使いづらい場所になってしまいます。食器棚やカウンター、もしくはシンクの下を検討してみましょう。

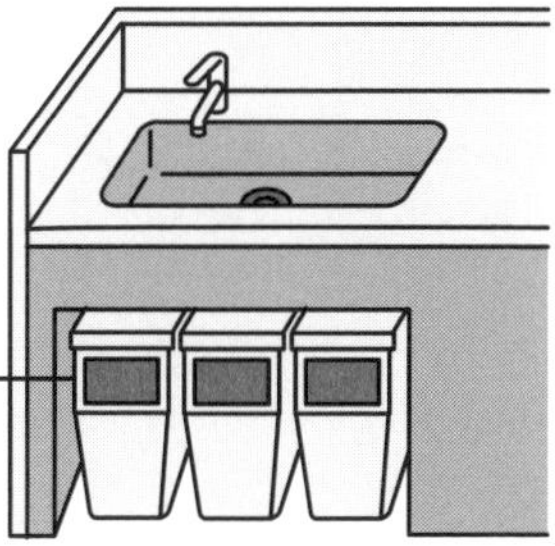

「シンク下ゴミ箱」は通気性も大事

シンク下に置く場合は、出し入れや湿気・匂い対策のために扉を外しましょう。上からではなく前から捨てるタイプのゴミ箱を選ぶことも大切！

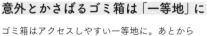

玄関を広々使おう！　コツは壁面にあり

玄関を心地よい空間にできるかどうかは、壁面の使い方にかかっています。

玄関に収納したい物って、結構多いですよね。定番の傘やスリッパはもちろん、外遊び用のおもちゃ、ベビーカーやストライダー、スポーツ用品など。でも、そんなに広い収納なんて玄関にない、というのもまた事実です。

玄関活用で優先度が高いのはふたつ。ひとつが「家の中に持ち込みたくないし、外にも置いておきたくない物」の収納。ふたつ目が「ちょっとしたディスプレイ」です。

傘やベビーカー、ストライダーなどは外も嫌だし、部屋に置くのも嫌な物の定番。それらを壁面を使って収納できれば、比較的省スペースにしまうことができます。

また、玄関は住む人の「表情」が現れる場所でもあります。家族の写真や似顔絵、素敵な絵など、自分たちらしさを少し表現してみましょう。

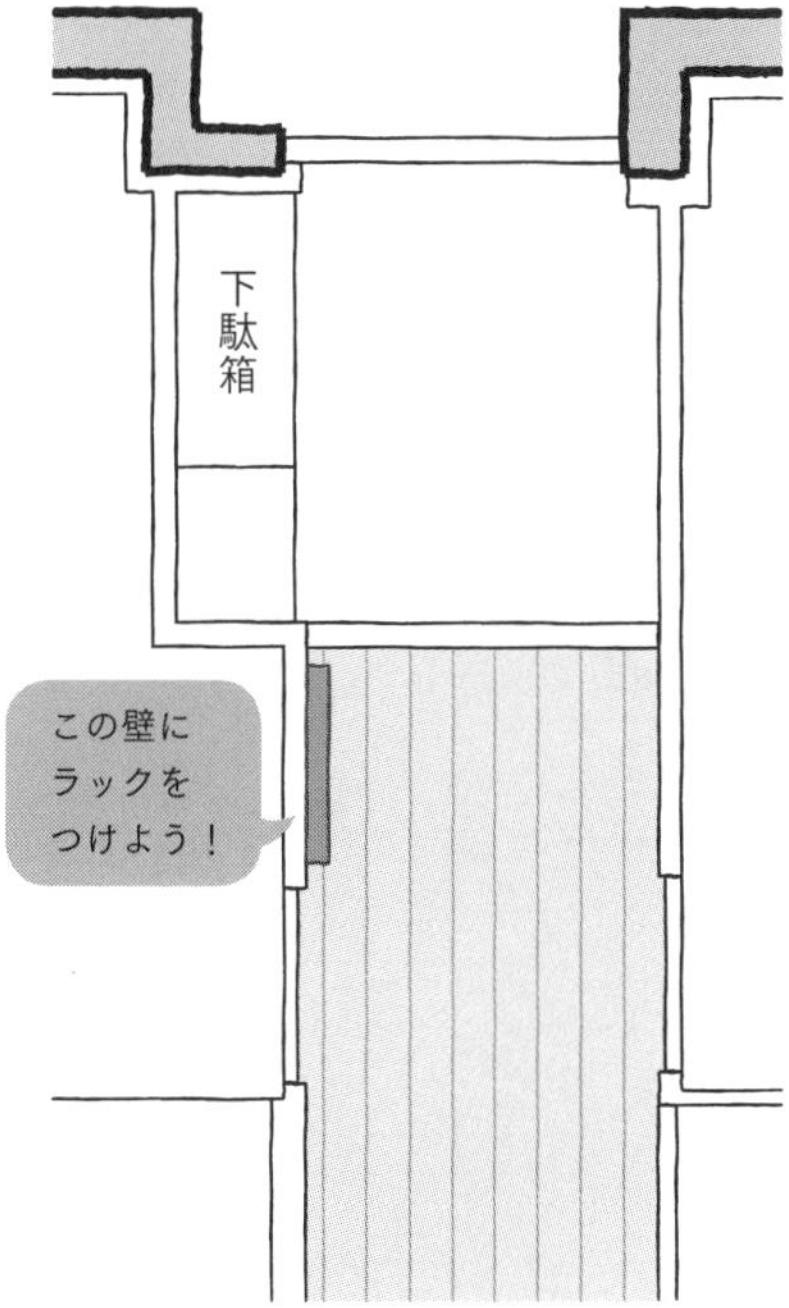

廊下にラダーラックを設置する

壁面活用に便利なのが、ラダーラックです。賃貸でも使いやすく、スペースもとりません。

ただし、便利すぎて目一杯物をぶら下げるとみっともないことになるので、玄関の広さに合わせて最小限にしぼりましょう。

かさばる傘も壁かけでスッキリ

傘立てを置くのもいいけれど、壁を利用すれば飾るように傘を置くこともできます。石膏ボードにつけられる長押に傘をひっかけて、上には絵や写真を飾っても素敵になります。

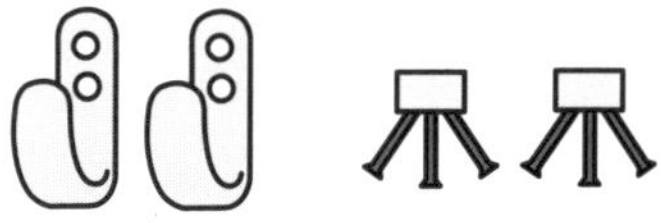

「Jフック」と「石膏ボード用ピン」でストライダー収納

ストライダーも壁に引っ掛けてしまえば省スペースです。石膏ボードの壁にも止められるピンを使えば、画鋲程度の穴しかあけずにフックをつけられます。

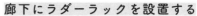

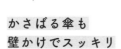

子育てしやすく、
子どもとのキズナが深まる寝室

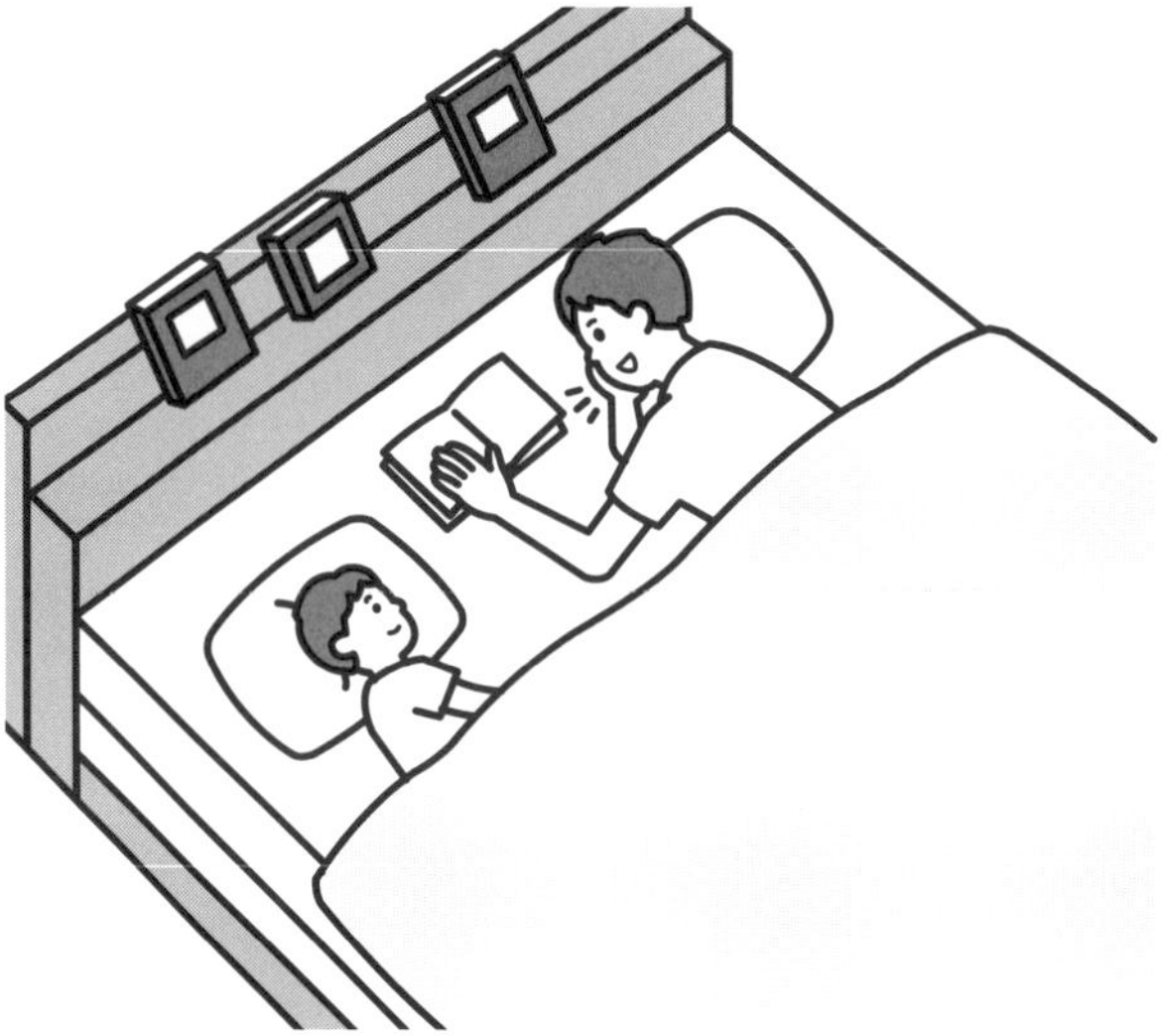

寝室は、ほんの少しの工夫で簡単に子どもと過ごしやすい空間になります。ただ寝具を置いておしまい、ではもったいない。

眠るためのスペースなので、そんなにたくさんの家具を用意する必要はありませんが、時期に応じて、寝室にあると便利な物もあります。

また子どもは、成長に合わせて寝る部屋も変わります。小さなうちは両親の寝室で一緒に眠って、大きくなると子ども部屋で独り寝に。しかし、兄弟がいると独り寝のタイミングも数年ずれたりします。

子ども部屋を兄弟分つくるゆとりがあるなら、順番に用意すればいいでしょう。しかし、お部屋にゆとりがあるとはかぎりません。

だからこそ、最初に子ども部屋をつくるときには「下の子も子ども部屋で寝起きするようになること」を想定しておくのです。

そんなご家庭ではどうしたらいいか、簡単なアイディアをご紹介します。

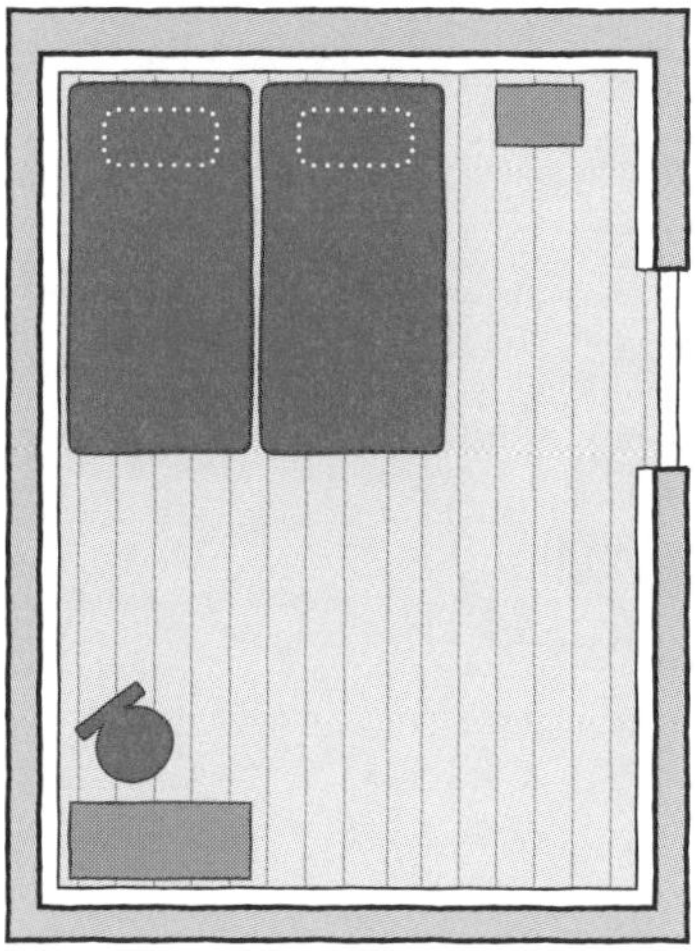

ベッドサイドには絵本置き場

寝かしつけのお供に、絵本を置いておけるスペースを準備。ベッドヘッドでもナイトテーブルでもいいので、ベッドから手を伸ばして届く場所に物置スペースを確保しましょう。調光可能なベッドスタンドもおすすめです。お気に入りの絵本とともに、穏やかな明かりのなかで、夜の時間を過ごすことができます。

授乳チェアでママも快適

あかちゃんがいるご家庭なら、ちょっと座れる授乳チェアを置くのがおすすめ。ベッドや布団の上での授乳は、案外腰が痛くなります。椅子のそばには、ちょっとした棚を準備。飲み物やティッシュなどを置いて、座りながら授乳ができるようにしておきましょう。

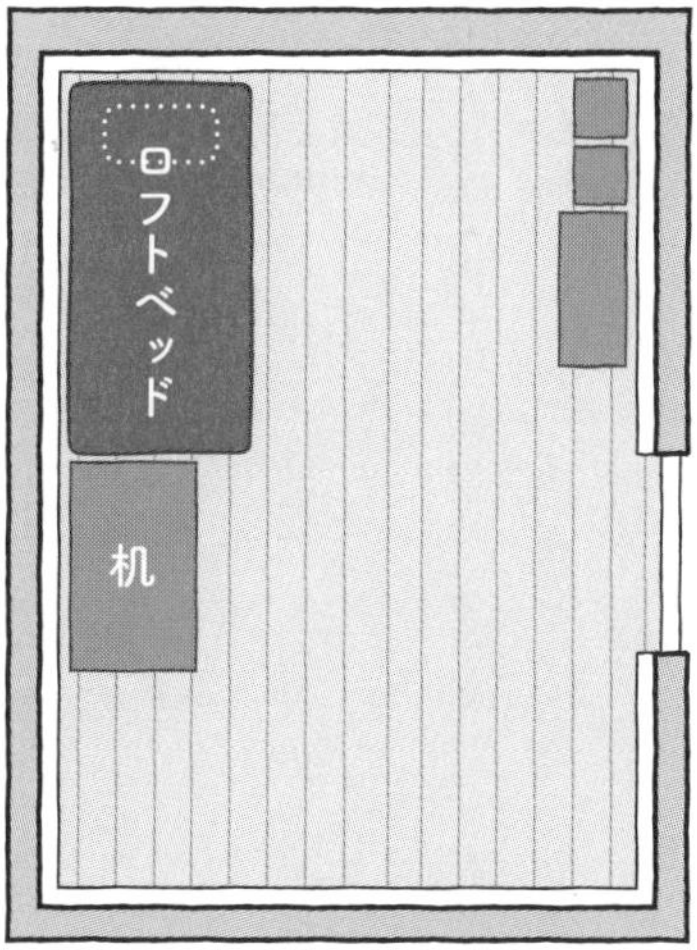

兄弟の子ども部屋にはロフトベッドを

兄弟のお部屋をつくりたいけど、ベッド2台は置けない。そんなときはロフトベッドがおすすめです。とくに下の子の独り寝まで数年の間がある場合は、2段ベッドは買いにくいもの。ひとりのときは下段を有効活用して、あとからマットレスを追加して2段ベッドにできるタイプを選びましょう。

洗面室に下着はありかなしか

お風呂にいくときに、下着やパジャマを持っていくのを忘れてしまうと大変！　忘れずに持っていこうと思っても、ついうっかりしてしまうのが人の性。それに、毎回クロゼットに取りにいくのは面倒でもあります。

P114では「衣類の一元管理」をおすすめしました。しかし、洗面室に下着がしまってあると、使う動線がとってもよくなるのです。

「動線」には「使う動線」と「しまう動線」があって、使うときに便利なほうがいい物と、しまうときに便利なほうがいい物があります。たとえば洗剤のストックは、しまう動線を優先したほうが購入時や在庫管理に便利。でも、トイレットペーパーのストックがトイレになかったら、いざというときに困りますよね。だからトイレ内に収納すると便利。

たいていはしまう動線を優先したほうがいい。だけど「使うときにそこにないと困る」物は、使う場所に収納するのが便利です。

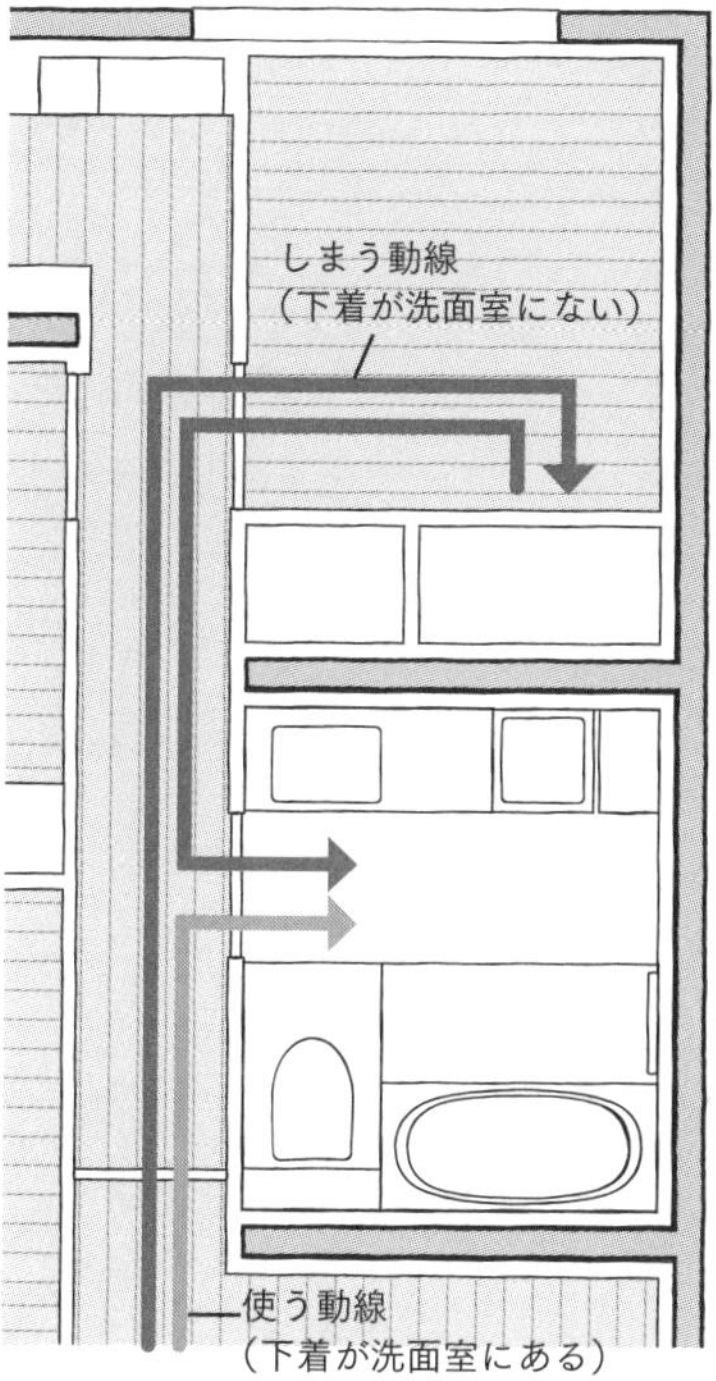

下着は「使う動線」を優先

下着をクロゼットに収納している場合と、洗面室に収納している場合では、これだけ動線が変わります。子どもが小さいと、なかなかお風呂に入ってくれないときもありますよね。入ってくれるタイミングを逃したくないなら、「使う動線」を優先してみてください。

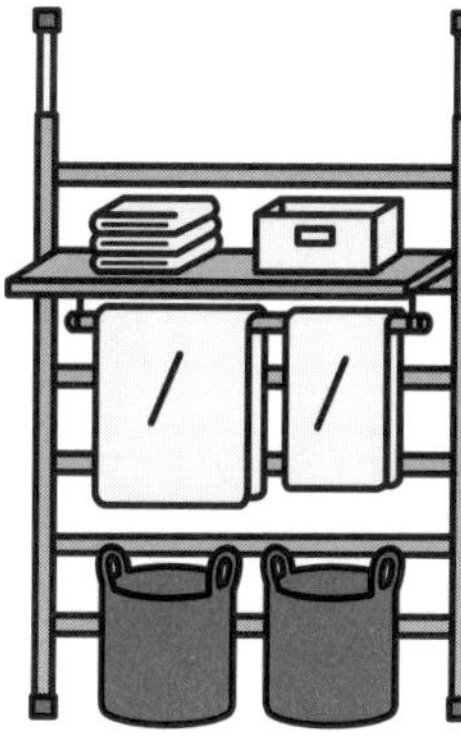

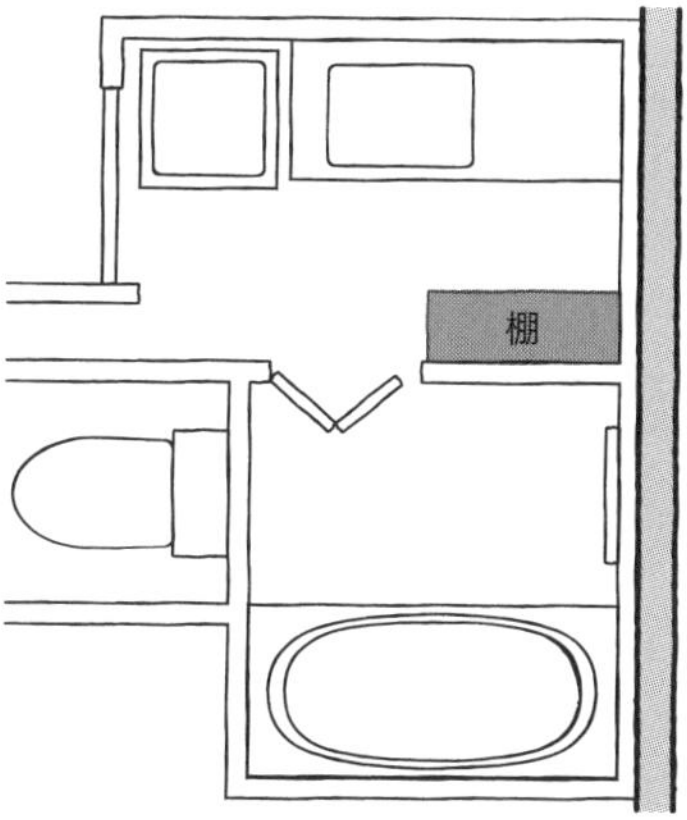

「薄くて背の高い棚」が救世主

洗面室には、収納を置けるスペースがあまりないかもしれません。もしも置けそうなら、収納の「薄さ」と「高さ」にこだわりましょう。

洗面室用の奥行き20cmほどの薄型タイプも売っていますし、さらに薄くするならラダーラックもオススメ。タオル掛けや小物をしまうのにちょうどいい収納になります。

MAKE-OVER

収納家具でもう失敗しないコツ！

圧迫感を制するもの、収納家具を制する！

ここまで、いろいろなレシピを見ているうちに、「家具を買い足してモヨウ替えしたい！」と思われた方もいると思います。しかし、勢いで家具を買ってしまうと失敗してしまうことも。ここからは家具選びについてご紹介していきます。

家具選び、特に収納家具選びで一番多い失敗は「圧迫感を感じる」ということ。

圧迫感を避けるために小さな家具を選んでしまい、「使いにくい」「収納が足りない」と困っています。

僕は、圧迫感を制することができれば家具選びの失敗はほとんど防げると思っています。

それでは、何に注意すれば失敗しないのか、４つのコツを伝授します！

コツ1 家具の奥行きに注意せよ！

圧迫感の代名詞とも言える「背の高い家具」ですが、実は背の高さよりも「奥行きが深い」ほうが圧迫感を感じます。

特に壁面収納のように大きく一面を活用する場合、奥行きの深さは致命的です。わずか1～2cm、床面を広く確保できるだけで、意外なほど圧迫感を軽減してくれるのです。

もちろん部屋が広いほど奥行きの深さも気にならなくなりますが、一般的な住宅の場合、奥行きが30cmを超えると「うぉ！　部屋狭くなったね～」と感じます。

目線よりも高い家具を置く場合は奥行き30cmを基準に選びましょう。ちなみに奥行き30cmとは一般的な本棚くらいです。つまり本棚よりも奥行きが深いと圧迫感が強い、ということです。

コツ2 壁が見えるほど圧迫感はなくなる！

続いてのポイントは「壁が見えるかどうか」です。オープンラックに近づくほど圧迫感は軽減されます。

たとえば全面に扉が付いている壁面収納は圧迫感を強く感じますが、扉がガラス製のものや扉自体がないものにすると、圧迫感を軽減できます。さらに、背面パネルがないオープンラックはよりスッキリ見えるし、壁に直接棚板だけを取り付けるような飾り棚にすれば、圧迫感はまったく感じません。

大きな家具を選ぶのであれば、できるだけオープンに近い物を選ぶと圧迫感を感じずにすむでしょう。

コツ3 周りに溶け込む色をチョイスせよ！

色選びも圧迫感軽減のためには重要です。基本的には濃い色味よりも薄い色味のほうがおすすめ。でも、白っぽい色やナチュラルなカラーではない色味が好きな方もいるでしょう。その場合は、建具か床の色に近い色をチョイスすると失敗を防げます。建具とはドアや窓枠などのこと。それよりも濃い色を選ぶと、圧迫感が強くなってしまいます。

コツ4 並べる家具の高さや奥行きをそろえる！

継ぎ足しされた家具は、意外と高さや奥行きがそろっていないもの。本棚を並べてもタンスを並べても、凸凹してしまうことも多いと思います。そのためにすべての家具を新調しようとまでは言いませんが、並んだ家具が凸凹していると、違和感と圧迫感を感じやすいものです。

ただし、あえての段差は大丈夫。その場合は部屋の角に向かって高くなるように階段状に配置するなど、規則性を持たせましょう。そうすれば違和感を感じなくなります。

失敗しない家具の選びかた

壁が見えるかどうかが鍵

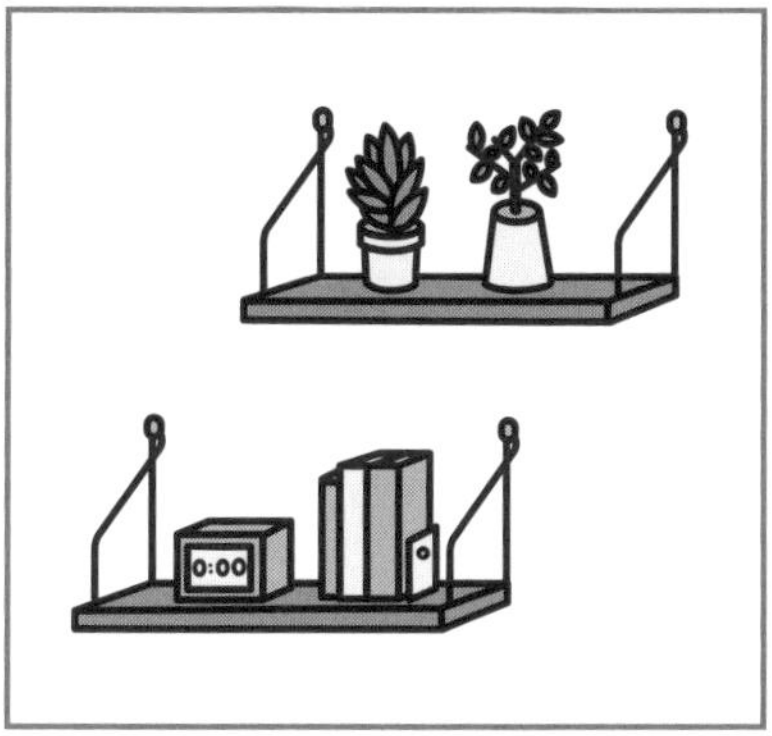

オープンラックや、壁に棚板を
取りつける棚をチョイス

「高さ」よりも「奥行き」に注意

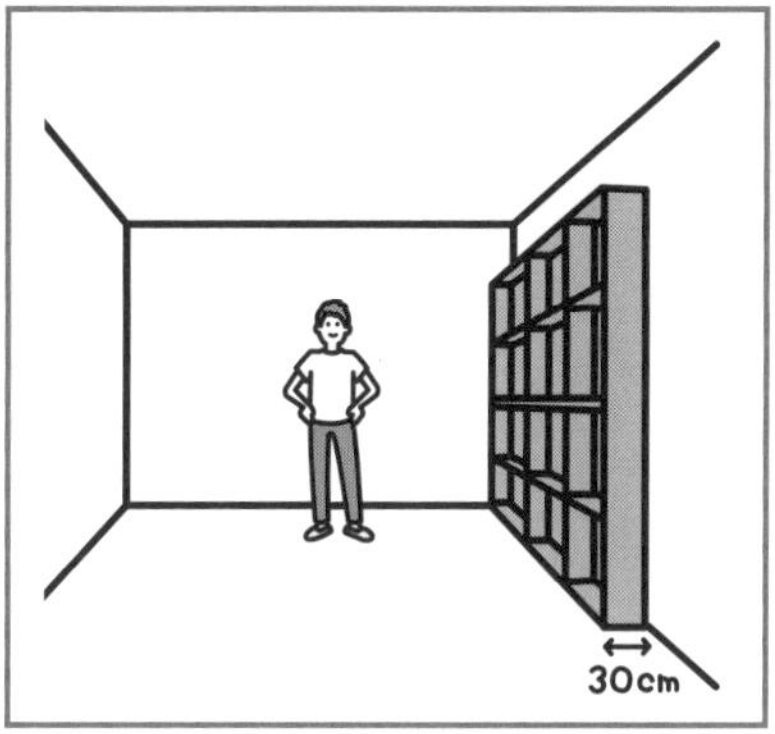

目線よりも高い家具は
奥行き30cmを基準に！

並べる家具の高さや奥行きを揃える

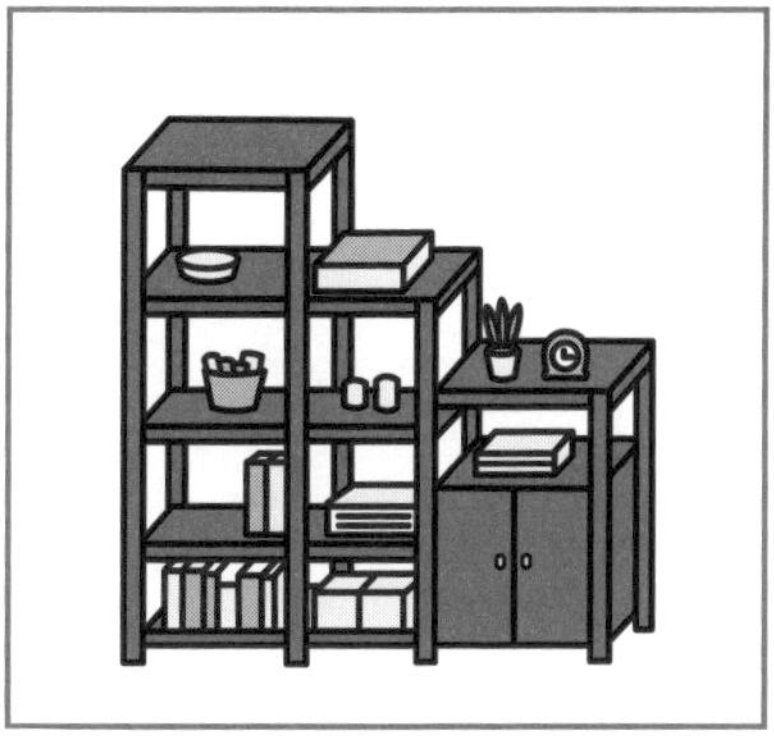

凸凹した家具は圧迫感や違和感の原因に。
高さが揃わないときは階段状に配置しよう

濃い色味より薄い色味

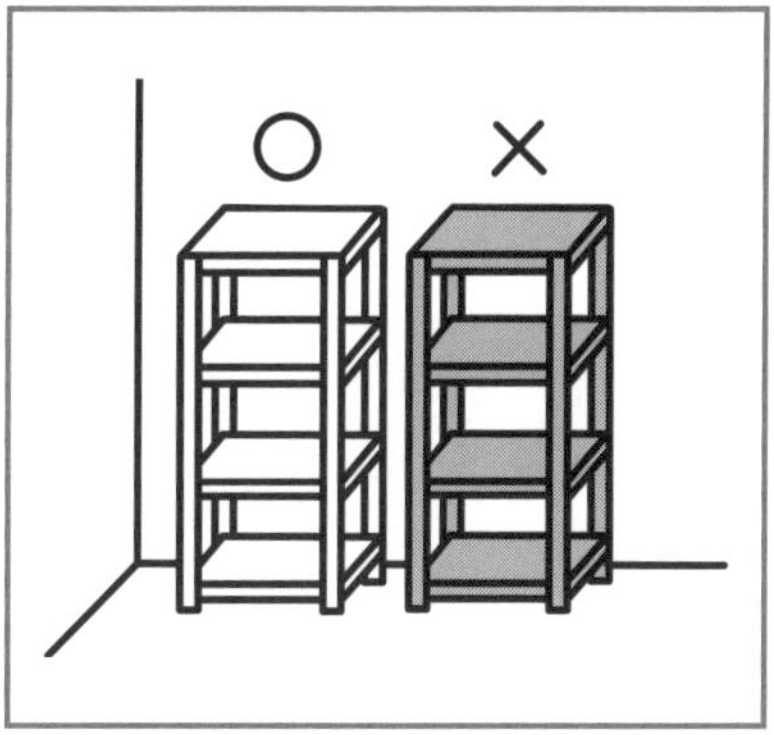

ナチュラルカラー、あるいは建具や
床の色に近い色を選ぼう

壁面の広さが収納の広さ

物が多くて、もっと収納スペースが欲しい。たとえばパパの趣味アイテムがたくさんあったり、どうしても物が捨てられない方なんかはこうした悩みを抱えるでしょう。

収納家具を置くのは壁際です。つまり「壁面の多さ＝収納の多さ」です。

「うちは収納が少なくて」という場合、大抵はクロゼットや押入れの少なさを指しますが、では壁面はどれだけあるでしょうか。ドアや窓に囲まれて、家具を置けるだけの壁面が少ない家もあれば、まっすぐで大きな壁面が部屋ごとにある家もあります。

クロゼットや押入れだけが収納ではありません。むしろ、使いにくいところに階段下収納がちょこっとあって、それを活用したいがために家具のレイアウトに困っているなんてケースをよく見ます。

備え付けの収納だからといって、それを使うことばかりを考えるのはもうやめましょう。収納に翻弄されて微妙なレイアウトにしてしまうくらいなら、壁面を活用する術を身に着けて、自由なレイアウトで暮らしたほうが何倍も心地よい空間ができるでしょう。

窓に囲まれた部屋の家具の置き方

窓が多い部屋って、明るくて風通しもよくて、爽やかですよね。でも、実際に暮らしてみると頭を悩ませる問題が発生します。

それは「家具、どこに置けばいいんだ！？」ということ。

たとえば掃出し窓の場合。その窓から出入りをしなかったとしても、窓前に家具を置くのは抵抗があるものです。腰高の窓も、家具が窓にかぶると何だか気になる。

そんなときに違和感を軽減させるためには、ちょっとしたコツがあります。


それは窓の飾り方。つまりウインドウトリートメントの方法です。

まず、カーテンをロールスクリーンやシェードにしてみる。

ロールスクリーンやシェードは降ろしたときにドレープ（ひだ）がなく、フラットになります。そのため大きなタペストリーのようになって、壁と馴染みます。

窓まわりのウインドウトリートメントを変えるだけで、窓前に家具を置くときの違和感を軽減できるのです。


また、リビングなどの場合。もしも掃出し窓から出入りをしないようであれば、窓前にソファを置くことも検討してみてください。窓前ソファは、じつはインテリア雑誌のレイアウトなどでもよく見かける、映える配置なんですよ。

どうしても、ＴＶとソファの位置は正面に持っていきがちですが、直角配置でも意外と観やすいものです。

MAKE-OVER

寸法を極める！

家具はサイズが命

家具を選ぶ上で何よりも大切なのは、サイズです。

色・柄・素材・デザイン……、素敵な家具をたくさん見ていると、選びたくなる基準が多すぎて心がグラグラと揺れがちです。

全部がピッタリ理想的な家具が見つかればいいのですが、なかなかそうもいきません。そうした場合、僕は必ずサイズを優先して家具を選んでご提案します。

どんなにお気に入りのデザインであっても、サイズが合わないときの違和感はどうしても拭いきれません。ですが、サイズがピタリとあった家具を選ぶと、部屋に対してとても心地よく収まるのです。

採寸を失敗しない鉄則

ぴたりとした家具を選ぶためには採寸が欠かせません。採寸というと少し難しそうに感じるかもしれませんが、つまるところ「家具が入るかどうかの最終確認」さえできればいいわけです。

この「家具が入るかどうかの最終確認」を失敗させないための採寸の鉄則が2つあります。

鉄則1：一番「狭い」ところを忘れずに測るべし
鉄則2：ミリ単位は切り捨てるべし（切り上げちゃダメ！）

両方に共通しているのは「大きいと入らないよ！」ってことです。
それぞれ解説していきましょう。

●鉄則1　一番「狭い」ところを忘れすに測るべし

よくある採寸の失敗のひとつが図のようなクロゼット収納内に引き出しを入れたりする時の採寸ミス。

折れ戸の奥（クロゼット内部）の幅を測ってピッタリの収納を買ってきたのに、扉が邪魔になって入らない。もしくはなんとかねじ込んだけど、引き出しが扉に当たって開けられないなど。単純なケアレスミスのようにみえて、これは本当によくあるパターン。

実際にお客さま宅へ伺った際に「入らなかったから」と表に出してあるポリプロピレン製の衣装ケースなどを見かけることもあります。

他にも、押入れの中段（中板）や枕棚（上段）には框（かまち）という横木がついており、その分少し入り口が低くなっています。

ここもついつい奥側を測って「よし、高さ75cmまで収納が入るぞ！」と思っていたら框の分入らないなんてこともよくあります。

なんとなく広い所を測ってしまいがちですが、とにかく「一番狭いところ」を測るのを忘れないようにしましょう。

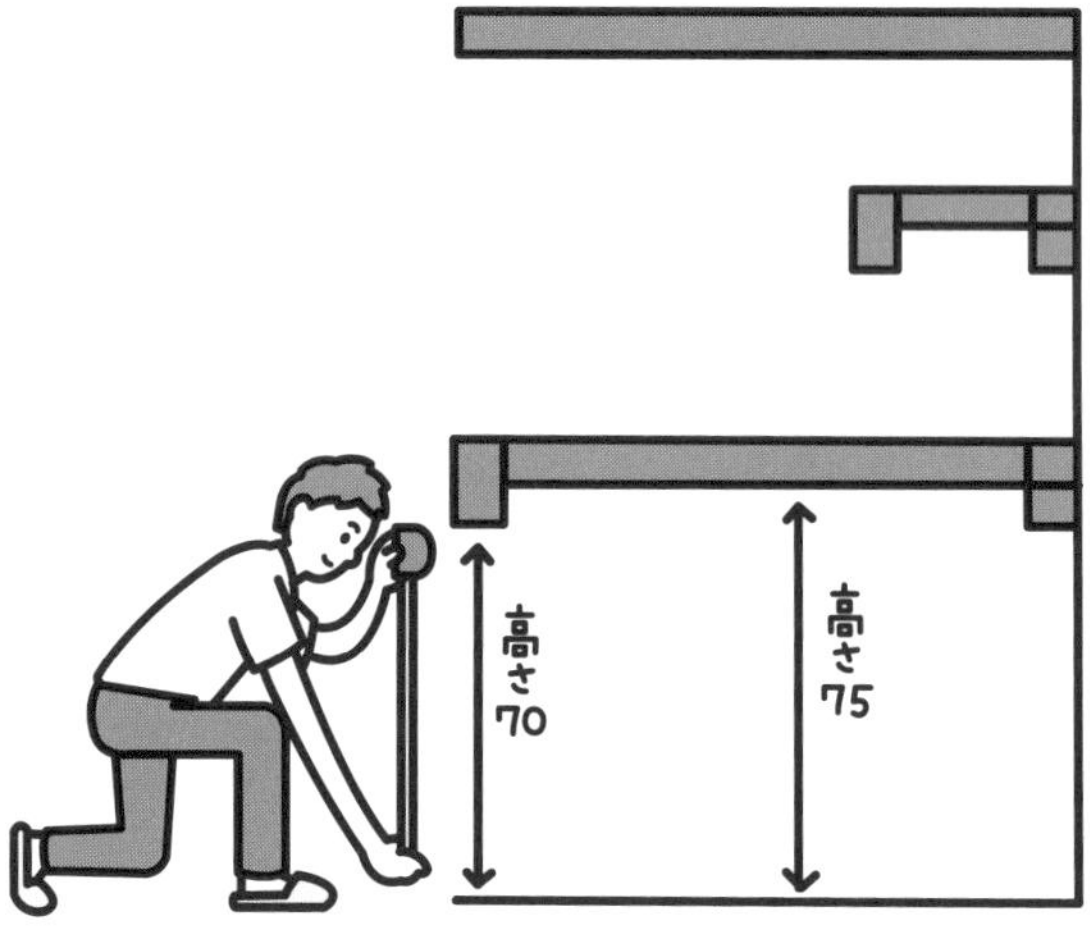

●鉄則2　ミリ単位は切り捨てるべし

もちろんプロはミリ単位も大切にします！（笑）切り捨てたりはしません。でも、それは造作家具を作ったりと本当に隙間なくピタリと収める必要があるからです。

でも普通に自宅でモヨウ替えをする場合の一番のリスクは「せっかく買った家具が入らない」こと。この原因のひとつが、知らず知らずのうちにミリ単位の扱いが適当になってしまっていることなのです。

たとえば測ってみて1．248mmだったとき。なんとなく1．250mmと解釈してしまうときがある。そのたったの2mmが命取りになることがあるのです。

必ず、少し小さめを意識するようにしましょう。

コンベックス（メジャー）でちゃんと測る方法

コンベックス（メジャー）を使い慣れていないと、正確に細かな寸法を測るのはわりと難しいものです。まずは、コンベックスの基本的な使い方と図り方を図解しておきます。

●天井など高い部分を測る

コンベックスを壁に這わせるようにして伸ばして行きます。下から上へ。上から下へ。数字が読みやすい方で図りましょう。

●端から端まできっちり測る

コンベックスは角を直角に測ることができません。どうしても端っこが曲がってしまうのでなんとなく曖昧になりがち。

サイズにシビアにならなければ別にそのまま前後5mmくらいで大丈夫ですが、ピシッと正確に測りたいときは2回に分けて測ります。

おおよそ3mくらいの長さを正確に測りたいのであれば、たとえば左から1m（1000mm）を測り、マスキングテープなどで目印をします。残りを右側から測って2032mmだったとしたら、1000mm＋2032mmの3032mmが正確な寸法となります。

●長い壁面をひとりで測る

基本的には壁を測るよりも床を測ったほうが早くて簡単です。でも、家具が置いてあったりして壁面を測らないといけない場合も。そんなときでも、ひとりで測る方法があります。

まず片側の端っこにコンベックスを付けたら、両手いっぱいに伸ばします。左から右へ測っているのだとしたら、測り終わりの部分を右手で押さえて、左手を離します。壁にくっついたコンベックスの端っこはブランと垂れてしまいますがそれでかまいません。

そのまま、右手で押さえている場所を左手で押さえ、右手でコンベックスを伸ばします。これを繰り返すことで長い距離でもひとりで測ることができます。

コンベックスの使い方

高い部分は壁に這わせるように伸ばす

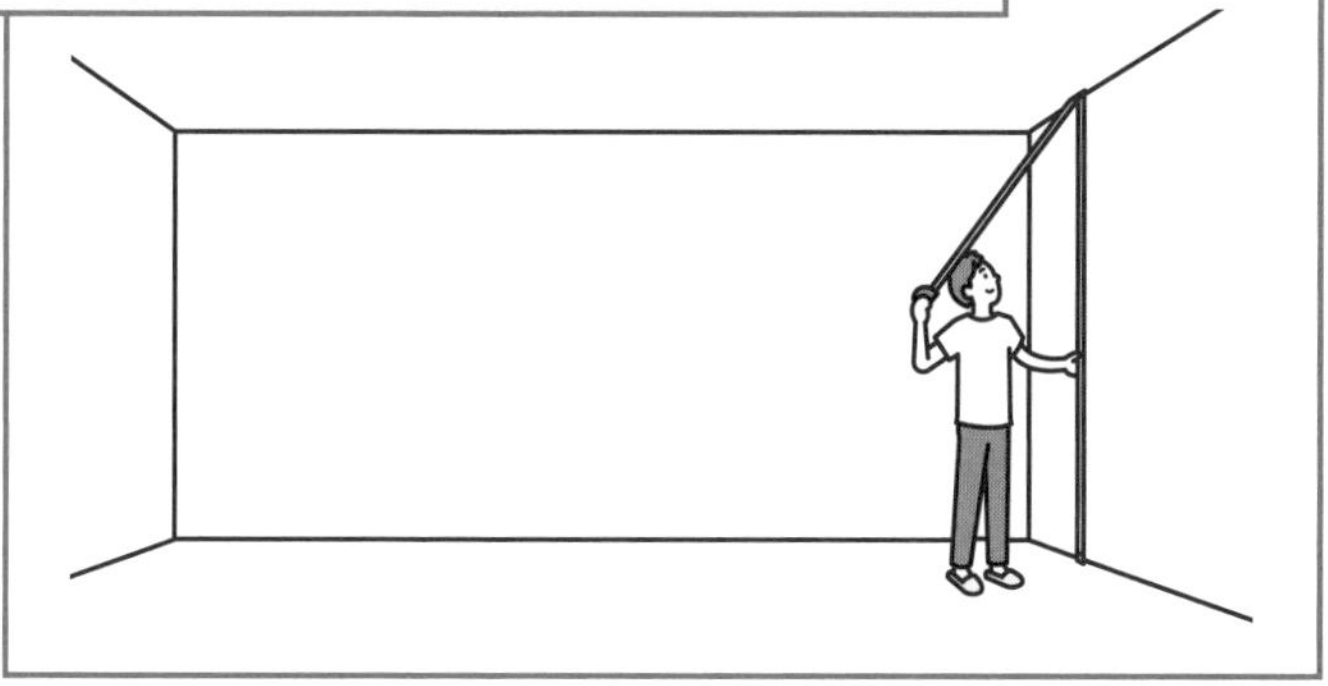

端から端まできっちり測るなら、2回に分けて

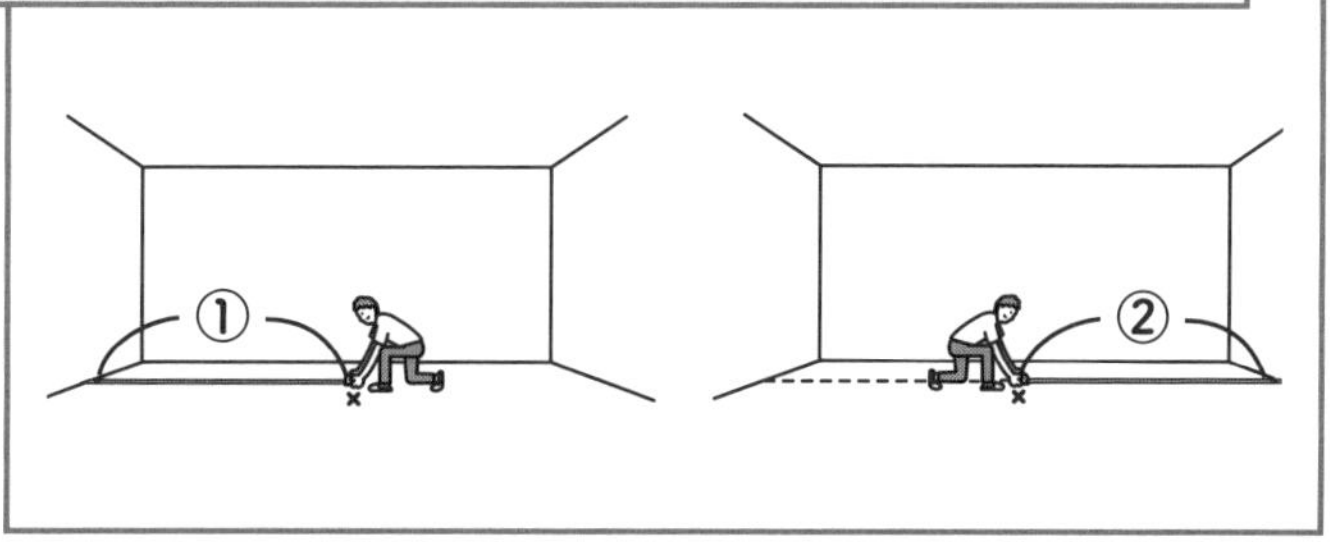

ひとりで長い距離を測るならスライドしながら

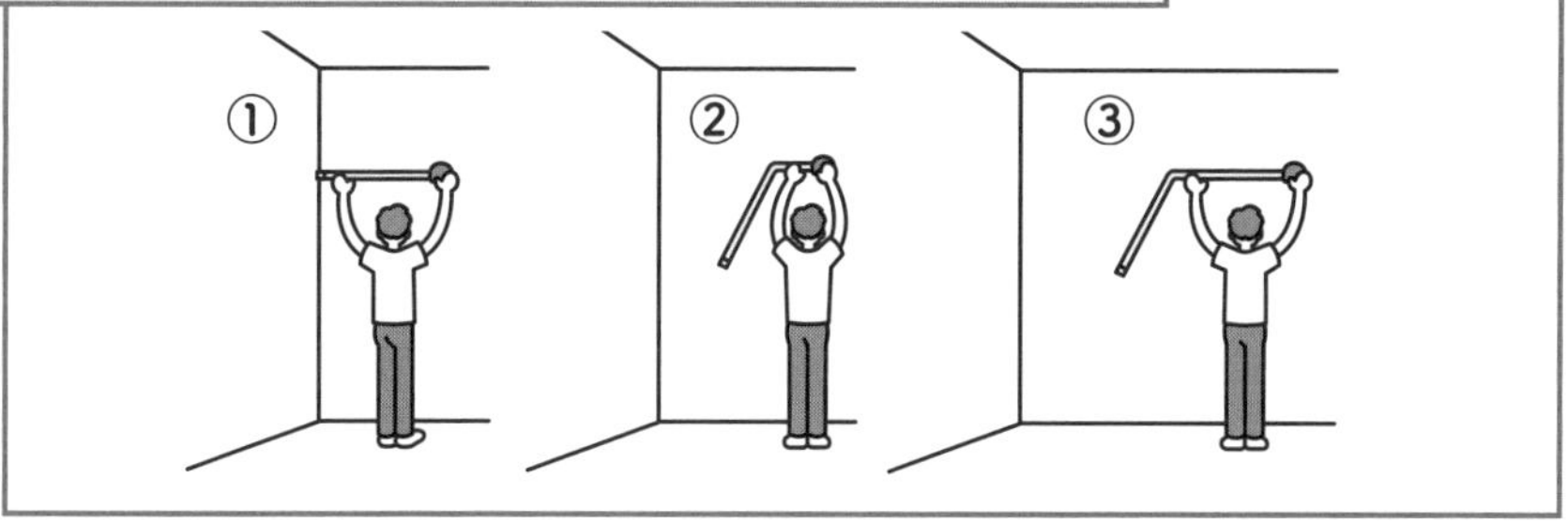

Chapter

4

子どもの成長に合わせた部屋づくり

WITH KIDS

子育て家庭のモヨウ替えフェーズ

「子どもが大きくなってきて、どんどん家が手狭になってきてしまってどうしたらいいかわからなくなってしまっているんです」

子育て家庭でよく聞くお悩みが、この「子どもの成長に適した部屋づくりの方法がわからない」こと。

最初は夫婦ふたりだけで住んでいた部屋のままでほとんど問題もなかったけど、子どもが歩いたり走ったりするようになって、そうも言っていられなくなってきた。

物もどんどん増えるし、さあそろそろ引っ越しかな？　なんて考えているかもしれません。

P84でもご紹介したように、子どもの成長フェーズによって、暮らしやすい環境は変わってきます。

産前から産後にかけて必要なのは「手元でお世話が完結する部屋」。産後の身体がつらい時期（産じょく期）を乗り越えやすい環境に整えましょう。

産後から保育園（幼稚園）入園の時期は、お子さんがダイナミックに成長していく時期。また、育休を取得して家事育児を一手に担うことになっていたママも、このタイミングで復職に向けた準備が必要になってきます。そうしたことから、この時期は次の2つの準備をしておくといいでしょう。

①お子さんの成長に合わせた安心安全対策
②家事育児を家族でシェアするための準備

保育園（幼稚園）〜就学の頃に必要なのは、「お子さんの自立に向けた部屋」。ひとりでお片づけやお着替えができるような環境を、子どもと一緒につくっていきましょう。また、子ども仕様だったインテリアを少しずつ大人も心地よいインテリアにシフトしていってもいいですよね。

Chapter4では、僕が実際にモヨウ替えをご提案した子育て世帯の例をもとに、成長フェーズやお悩みの解決策をご紹介していきます。

WITH KIDS

新しい家族を安心して迎えるための準備

M様邸：夫・妻（妊娠中）

お悩み
・生まれてくる子どものために部屋を整えたい
・小さなダイニングテーブルがあるけれど、活用できていない
・おもちゃやベッドなど、ベビー用品をどこに置けばいいかわからない

「初めての子育てに向けて、家をどうにかしたほうがいいんじゃないかと思うんです」

部屋を見渡すと、床座をベースにした、物が少ないスッキリとしたお部屋。共働きカップルが心地よく暮らすのにピッタリの間取りとインテリアです。

M様邸
Before

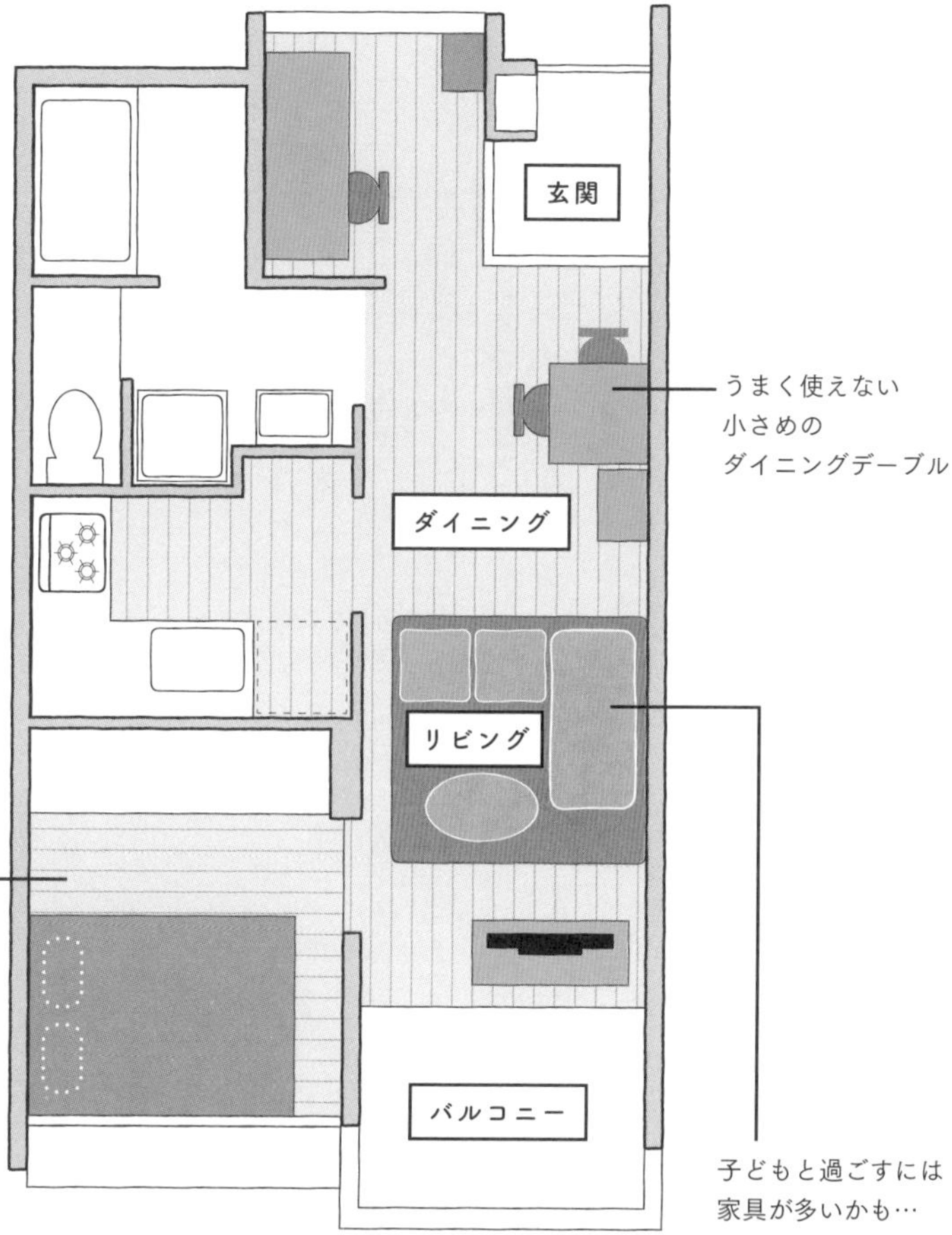
玄関
ダイニング
リビング
バルコニー
うまく使えない
小さめの
ダイニングデーブル
ベビー用品は
どこに置こう？
子どもと過ごすには
家具が多いかも…

ソファは座面の低いロータイプ。ダイニングスペースには小さめのテーブルとイス。寝室にはダブルベッドが置いてあり、書斎部屋だってある。

正直、明日このまま子どもが産まれても、すぐに困ることはなさそうなお部屋です。

それでも、子どもが生まれるとなると、「これから」のことが心配になります。

今はなんとかなっても、物が増えたり家族が増えたりするときには、それなりの事前準備をしておかないと、場当たり的に収納を増やしてしまって、家を心地よく使うことが難しくなってしまいます。

今のままダイニングテーブルをしっかり活用できずにリビングテーブルで食事をとるとなると、子どもがつかまり立ちをし始めた頃から、片づけが一気に大変になりそうです。

共働きで忙しく、常に家を片づけておく時間もないであろうことを考えると、少し高いところに物を避難させられるような場所もあったほうがよさそう。

子どもだって、寝返りやはいはいをするようになってきたら、思う存分転がり回りたいでしょう。

つまり、産後すぐのご家庭では、

- 食事を心地よく取れるスペース
- 子どもが思う存分ゴロゴロできるスペース

・家族がのんびりくつろげるスペース
・産後のママが身体を休め、安心して育児だけに専念できるスペース

が必要不可欠ということ。
こうした多様な役割をひとつの空間に集約させたいときは、役割同士をギュギュッとまとめられないか考えましょう。

今回のプランは次のようになりました。

■ダイニング
ソファダイニングで
「食事を心地よくとれる」＋「家族がのんびりくつろげる」スペース

■リビング
床座と産じょく棚で
「産後のママが育児に専念できる」＋「子どもが思う存分ゴロゴロできる」スペース

リビングスペースとダイニングスペースに分かれていた区切りを一緒にまとめることで、もともとリビングスペースにしていたところをキッズスペースへと変換しました。

まずダイニングスペースは、小さくて使われていなかったダイニングテーブルの代わりに、ソファダイニングを導入。ソファダイニングとは、ダイニングテーブル＋ソファの組み合わせのこと。P１４０でもご紹介していますが、リビングソファよりも座面が高く硬めのソファを、ダイニングテーブルに合わせることで、ソファのくつろぎとダイニングでの快適な食事、双方のメリットを一箇所で得られます。ＬＤの空間が限られているご家庭には本当におすすめの方法です。

リビングスペースは、産後の母子の養生スペース＆床座で子育てしやすいくつろぎスペースとしました。

産後しばらくの期間は（約1ヵ月ほど）産じょく期と呼ばれ、ママはしっかりと身体を休ませなくてはならない時期です。

この時期にはできるだけ子どもと一緒にゴロゴロしながら過ごさなくてはいけません。そのため、リビングには布団を敷いて休めるスペースを設け、隣の部屋まで取りに行かなくても手元で必要な物がそろうような棚（産じょく棚）を用意しました。

その後床上げが済めば、産じょく棚からママの物をなくして、育児グッズメインの収納棚に。布団もしまって、子どもをあやしたりゴロゴロさせられる床座空間に変更。

ソファスペースとダイニングスペースという、当たり前に分けられた空間をひとまとめにしてしまうことで、本当に必要な新たな空間を生み出すことができました。

M様邸 After

産後すぐはママと子どもの養生を第一に。リビングですべて済むように。広いスペースと棚を用意。

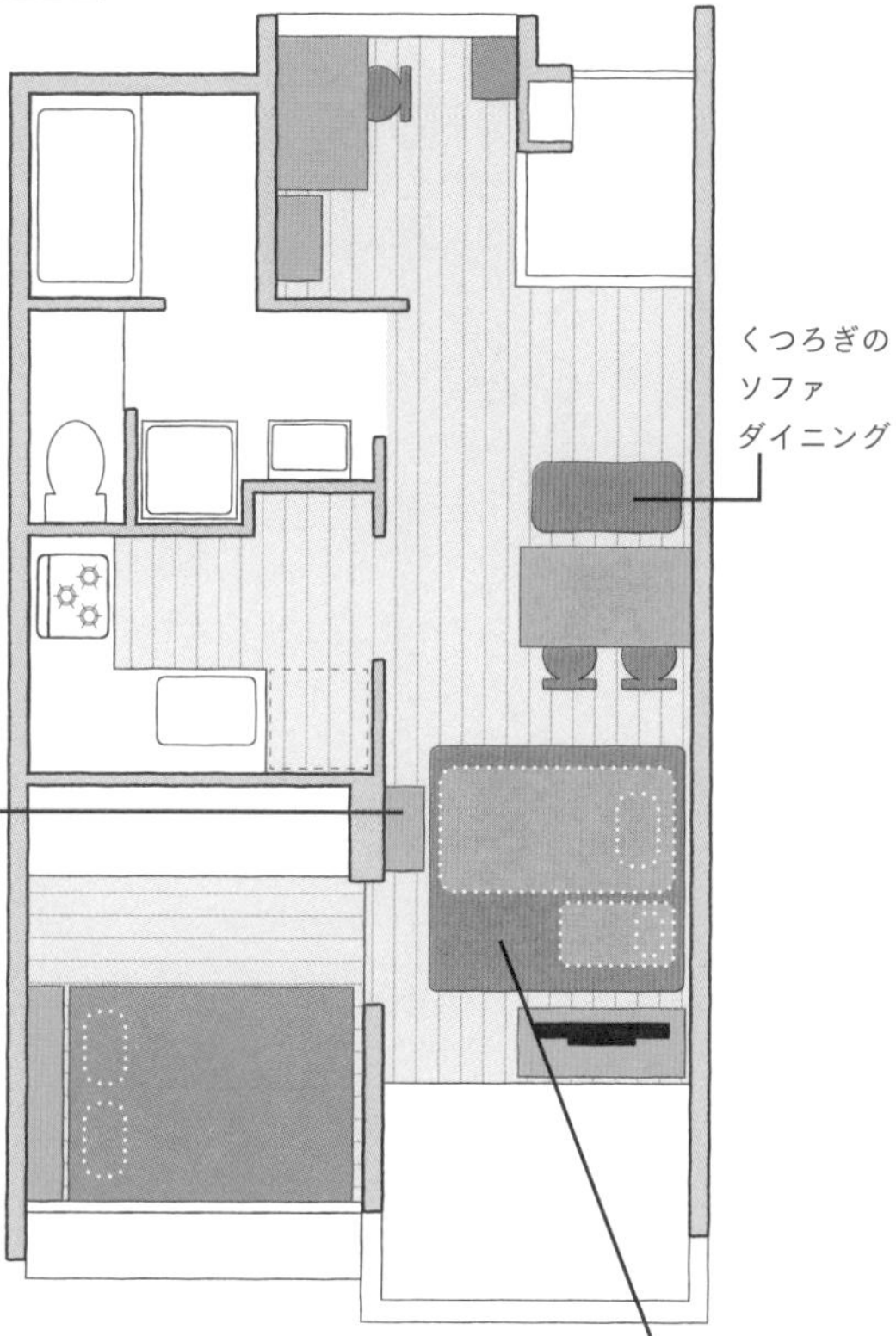

成長プラン

床上げ後は、母子とも寝室で寝るように変更。リビングは家庭内広場として使えます。

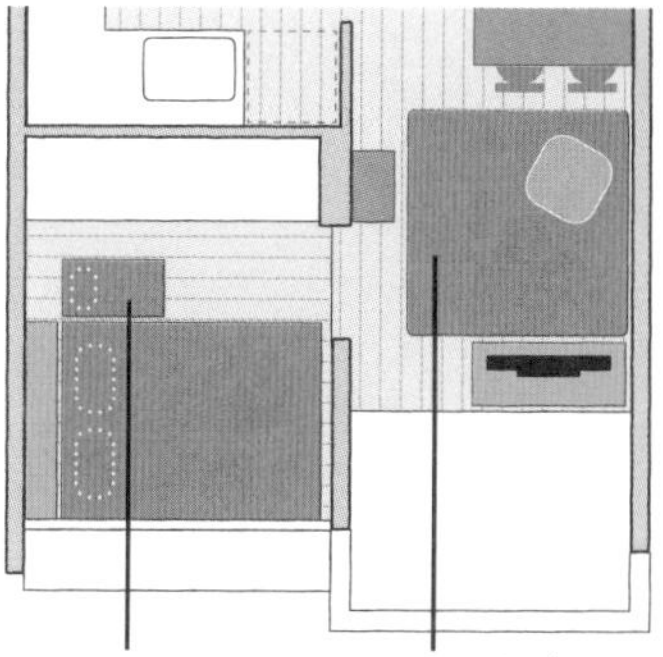

お子さんが安心して遊べるリビングと両立生活のための洗濯動線改善

K様邸：夫・妻・1歳長女

お悩み
・歩き始めた娘のために、のびのび遊べるスペースがほしい
・衣類がリビングに溜まってしまう
・趣味グッズが家中に溢れている

上手につかまり立ちができるようになって、よちよちと歩き始めた娘さんと共働きご夫婦の3人家族のKさん。新しくてきれいなマンションのお部屋は、おっしゃる通り衣類がアチコチに置いてありました。

K様邸
Before

趣味の楽器やCDがたくさん。
テーブルの上も物置に。

物干しが意外と場所を
とるし、リビングに衣
類が溜まっちゃう！

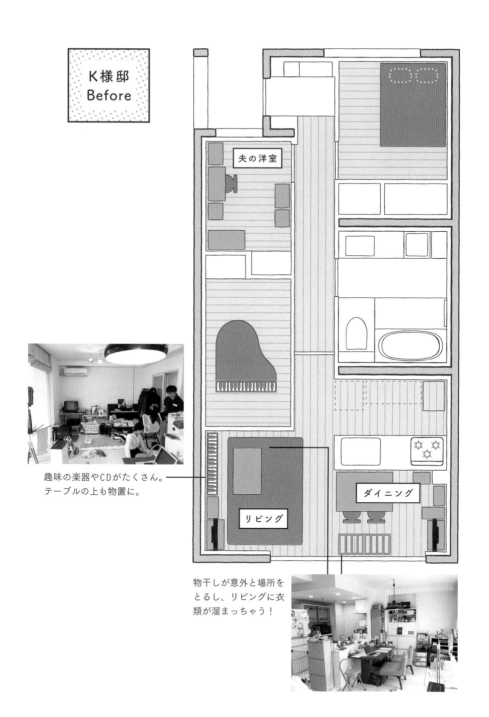

車通りの多い道路に面したベランダにはほとんど洋服を干すことはなく、部屋干しがメイン。そのための物干しがリビングの窓際を大きく占拠しています。

そして便利なのだろう、コートなどを引っ掛けるハンガーラックも置いてある。このため洋服がリビングに溜まってしまうのはどうも必然のようです。

さらに音楽がお好きなご夫婦のため、防音室のピアノだけでなく、リビングに電子ピアノも1台。そして大量のCD。

Kさんのお部屋では、「床面がほとんど空いていない」というのが、狭さを感じる一番の原因でした。

床面を広く確保するには、大きく2通りのやり方があります。

1つは「物を徹底的に減らすこと」。

もう1つは「収納スペースを確保すること」です。

一方は減らすアプローチで、もう一方は増やすアプローチ。この2つを成立させなければ床面は増えていかないのです。

モヨウ替えのレシピでもご紹介したように、収納は壁面を上手に活用しなければ増やすことはできません。つまり縦に増やすか、横に増やすかしか、収納を増やす方法はないのです。

リビングの壁面を見てみると、複数の棚や机などで床は占められている一方で、壁の上部はスッキリと丸空き状態。電子ピアノなどを移動させて壁面収納を導入できれば、育児グッズやリビングの小物類、CD類などを収納できるスペースが生まれます。

リビングだけでも、子どもの遊び場に衣類収納、音楽グッズなど、さまざまな「やりたいこと」が混在しています。

この場合は、「このスペースは○○する場所」と、しっかりとゾーニングすることで、使いやすい部屋を生み出しましょう。

プランは次のようになりました。

■リビング

・中心部分は「お子さんがゴロゴロと遊び回れるスペース」
・天井吊り下げの物干しと衣類収納の「衣類を置けるスペース」

リビングに衣類が溜まりやすい場合、「リビングに衣類を置かない」もしくは「思い切ってリビングに衣類を置けるスペースをつくる」のどちらかで対応します。Kさんの場合は「衣類は部屋干しが基本」という生活のパターンがあったため、思い切って衣類置き場を確保することにしました。

ただし、「床面」を広く確保したいので、今までのように床置の物干しではなく、ホスクリーンという天井に取り付けるタイプの物干しをご提案。これは天井に直接ビスで留めるので、賃貸だと取り付けは難しいかもしれませんが、窓際に突っ張って取り付けることができるタイプの物干しもあるので、工事ができない場合はそちらを使うとよいでしょう。

物干しの周辺は、ユーティリティスペース（屋内の多目的空間、洗濯やアイロンなどができる小スペースを指すことが多い）とし、コート類を掛けるラックや、お子さん用の肌着など小さな衣類をそのまましまえる家具を配置。こうすることで、その場で洗濯物をしまいやすくなり、衣類が溜まっていってしまうのを防ぐことができるようになります。

「娘が部屋中をアッチコッチ動き回るようになったんですよ！」

リビングの収納設置後に伺った際に、嬉しそうに教えてくれたKさんの顔が今でも忘れられません。家の中に空間をつくると、子どもの動きも、大人の動きも変わるんだなと改めて実感したのです。

K様邸 After

リビングの衣類スペースをぎゅっとまとめて、お子さんが遊びまわるスペースを確保。高さのある収納家具は物が多い家庭にぴったりです。

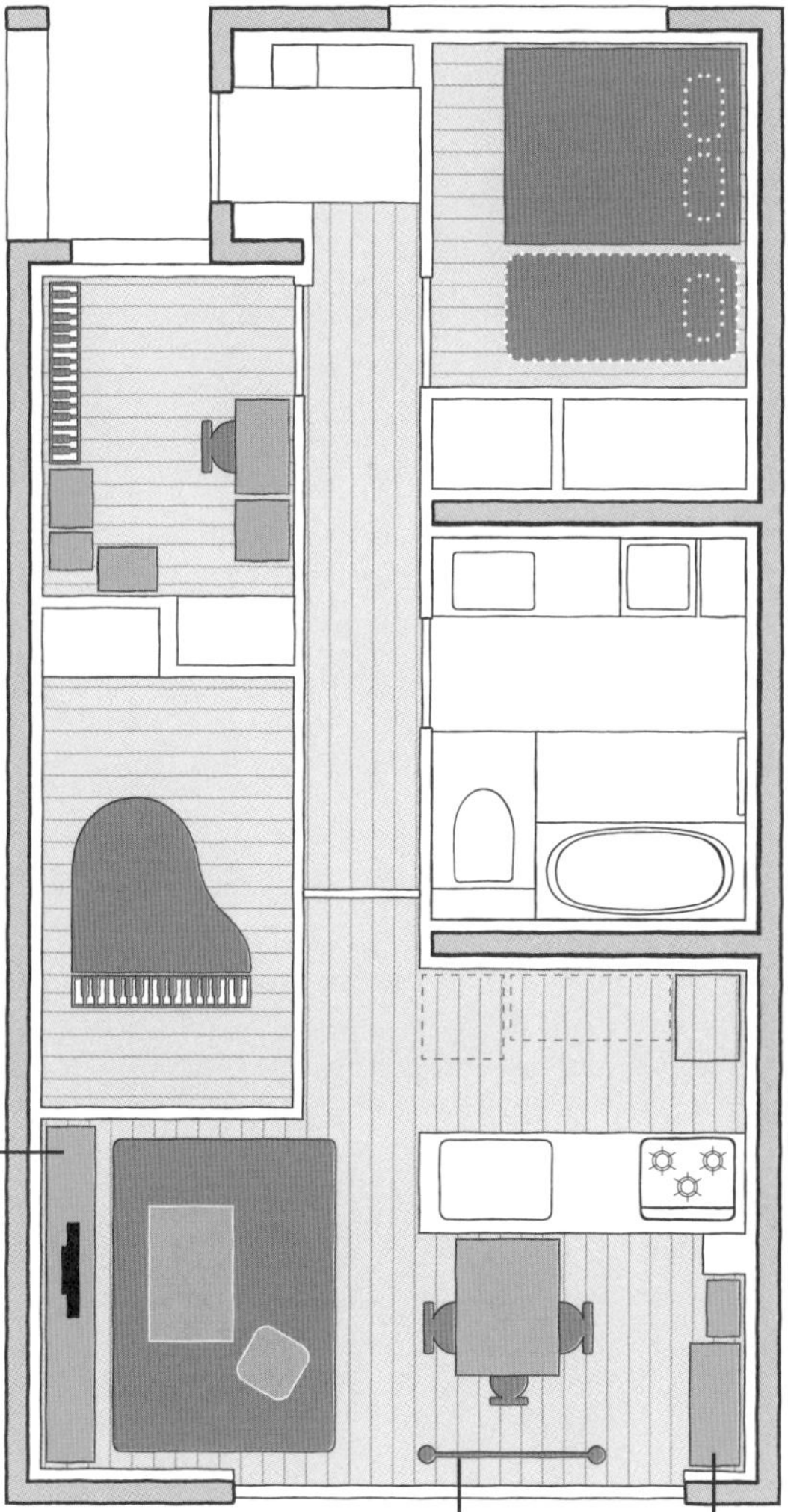

高さのある収納棚で壁を広範囲に有効活用！

リビングにしっかりと衣類置き場を設置！
干す場所としまう場所を近づけて効率的な洗濯導線に。

リビング拡張計画！子どもの片づけ力を養うためのキッズスペースをつくる

U様邸：夫・妻・5歳長女・1歳長男

お悩み
・リビングとつながっている洋室が物置状態
・育休明けの職場復帰で片づけに手がまわらない
・子どもにも片づけ習慣を身につけてほしい
・夜の洗濯スタイルなので、無理やり洗面室に部屋干し
・趣味のコレクションが多い

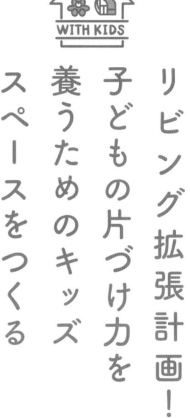

U様邸
Before

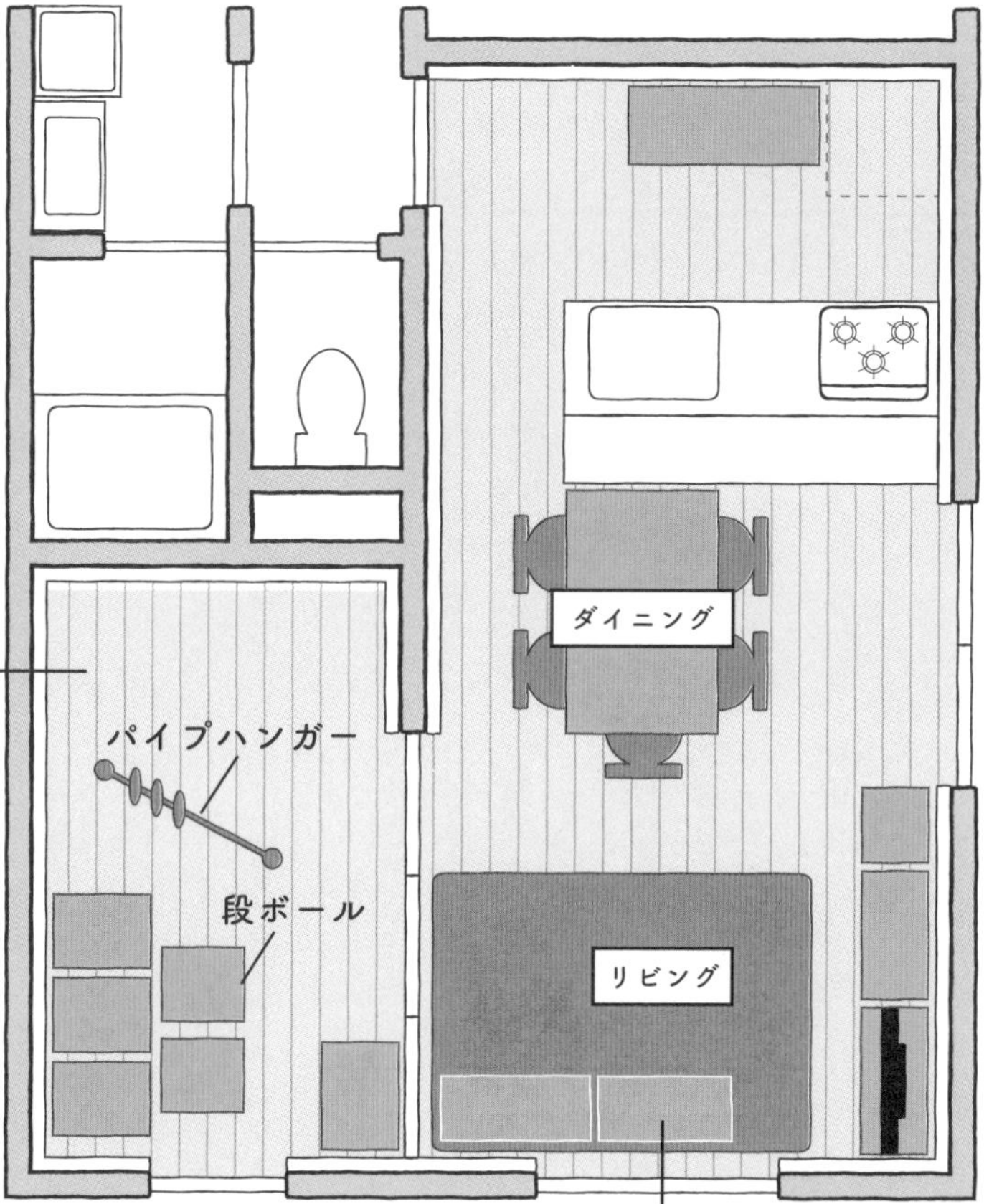

物置状態の洋室。
リビングからも
丸見えです……

おもちゃコーナー。子どもにお片付け習慣を身につけてほしい！

「洋室が、完全に倉庫みたいになってしまっていて……」

そう言われてそっとのぞき込んだリビング横の洋室。

空けていないダンボール箱が数十箱と、仕事道具や衣類がたっぷり山になっていました。

引っ越し以来ほとんど開けていないという洋室の窓は、シャッターも閉ざされたまま。

もったいない状態になっているこの洋室をうまく使うことさえできれば、家全体が明るく快適になるであろうことはすぐに想像がつきました。

遊びたい盛りのお子さまに、共働きのご夫婦。ふだんの家事育児にお仕事に……と、やることが増えていて、洋室の片づけにはなかなか手が回りません。

課題が多岐に渡る場合、しっかりと優先順位をつけることが大切です。優先順位を決めないと、すべてが中途半端なモヨウ替えになってしまいます。

U様邸の場合は、次の2つに優先順位を絞り込むことに。

- 子どもがたくさん遊んだり、片づけたりができるおもちゃスペース
- バラバラになってしまった衣類動線をまとめて、両立生活を効率的にする

どちらもポイントになるのが、物置化してしまっているリビング横の洋室。

この部屋を次のようなプランで活用することをご提案しました。

■洋室
・広い壁面を活かした「ファミリーワードローブ」
・「おもちゃ収納」＋「衣類目隠し」＋「物干し」＋「子どもの身支度スペース」をまとめて担う間仕切り壁ゾーン

まずは洋室の広い壁面を思いっきり衣類収納にしたい。しかし、そうするとリビングからは衣類が丸見えになるし、おもちゃ収納を置く場所もない、という問題が出てきます。

このようなときには、「どこまでをリビングとするか」を改めて考え直すことが大切。リビングと洋室の間の扉を開けっ放すと、横長の大きなリビングに見えてきます。この拡大リビングでは大きすぎるので、もう少しコンパクトでいい。

そこで洋室の真ん中にパーテーションを突っ張り、間仕切り壁を設置しました。

Ｐ１８０でもお伝えしましたが、「壁面の広さは収納の広さ」。間仕切り壁を設置することで、収納場所を拡大することができます。

パイプハンガー側は衣類収納＆ユーティリティスペースとして、パーテーションの裏側に物干しを配置。部屋干しもできる洗濯物の休憩所をつくることにしました。

もちろん、お子さん用の低い身支度スペースもあるので、身支度の練習もできます。

パーテーションのリビング側には、おもちゃや絵本用の棚を設置。リビングでのびのび遊んだあとには、お子さまが自分でお片づけできるようなコーナーです。

さて、物があふれた状態のご家庭がよく悩まれているのが、「どこから手をつけていいかわからない」こと。

Uさんの洋室にもたっぷり物が集められていましたが、この状態のまま家具を足してしまうと、より使いづらくなり、モヨウ替えが進めにくくなってしまいます。

まずはある程度の状態になるまで「整理」や「処分」をしてから、仕組み化につながる整頓をしていく必要があるのです。

モヨウ替えは、アッチに物を動かしたら、その空いたスペースに物を入れて……とパズルのようにおこないます。つまり、ひとつの部屋だけを大きくモヨウ替えするつもりでも、他の部屋のスペースを使って物の移動をすることが必要になってきます。

Uさんのモヨウ替えも、洋室に置いていた物を収納する「寝室のクロゼット」の整理にどの段階で取り組むのかがキーポイント。実際には、次のようなステップで進めました。

①洋室の物をある程度整理・処分する
②洋室にパイプハンガーを導入する
③寝室のクロゼットに入っている衣類を、パイプハンガーに移動する
④洋室に置いていた物を、寝室のクロゼットに収納する

物がいっぱいでどこからどうモヨウ替えに手を付けたらよいかわからない場合は、どこがキーポイントになるのかを見極めて進めていきましょう。

U様邸 After

洋室に間仕切りをつくって、リビング側はおもちゃコーナー、裏側は物干しや仮干しのスペースに。すっきり片づいて、暮らしの動線もスムーズになりました。

壁一面のパイプハンガーで散らかっていた衣類を一括収納。

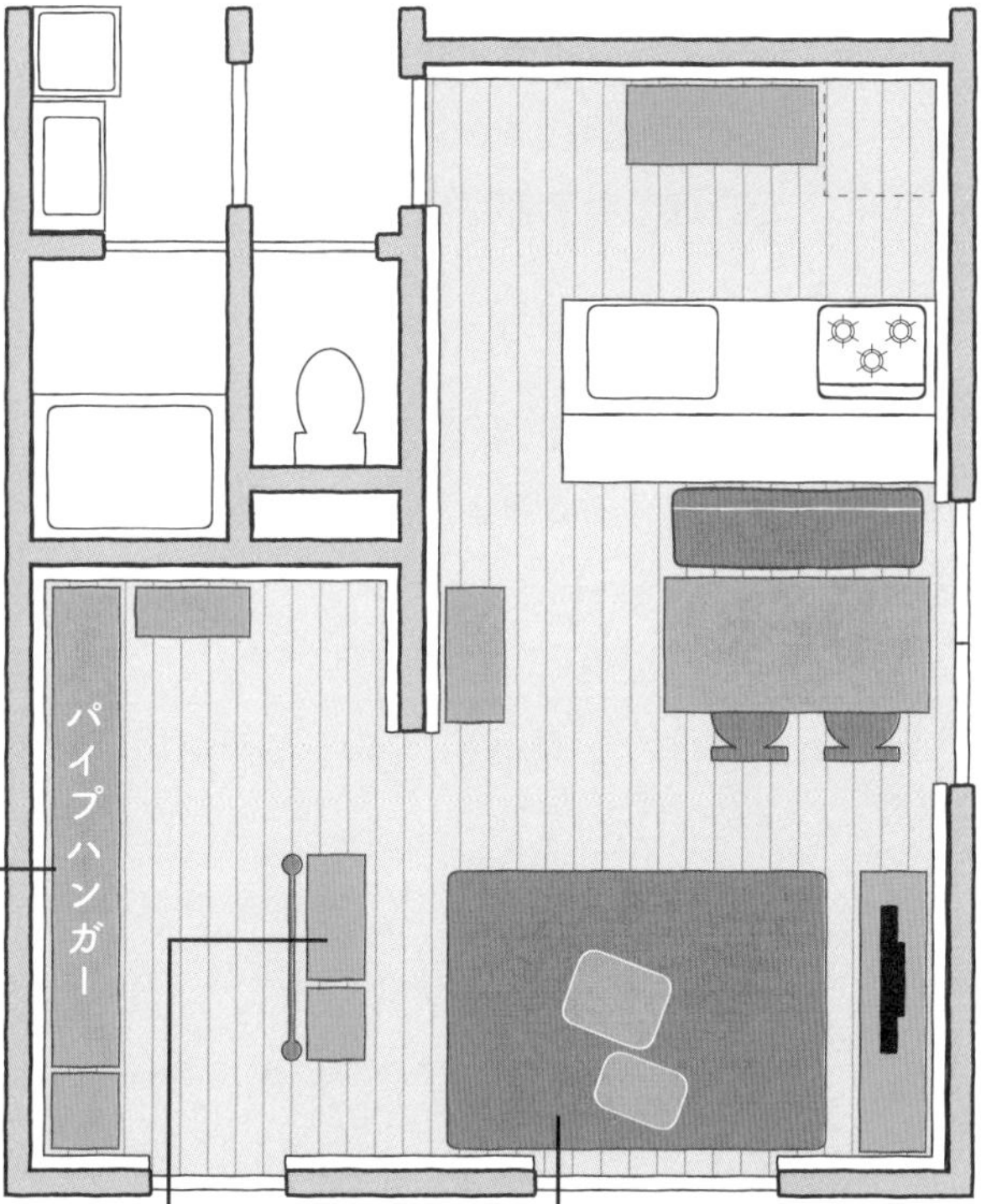

おもちゃ棚も洋室に置くことで、リビングがより広く使えるように。

リビングが拡張！
家族みんなでくつろげます。

モヨウ替え会議シート

家族でモヨウ替え会議をするときのために、
取り組むステップをまとめました。
ぜひ理想のお部屋づくりにお役立てください。

STEP1 コンセプトを考える

どんな暮らしがしたいか、書き出してイメージを広げよう！

〈優先順位を導く質問〉

1. いまの家での暮らしで困っていることは何ですか？
2. 「どの部屋」を「なぜ」改善したいですか？
3. モヨウ替え後は、どのような暮らしをしたいですか？

STEP2 各部屋のスペースに役割を与えて区切る（ゾーニング）

STEP1で決めたコンセプトを実現するために、
どんなスペースが必要か明らかにしよう！

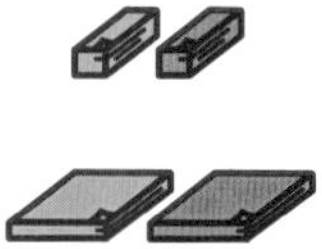

〈ゾーンを考える3ステップ〉

1. その部屋でやりたいことを書き出そう
2. 部屋のどこでやるか、フセンを間取りに貼りつけよう
3. ぐるっと囲んでゾーンを分けよう

STEP3 コーナーの家具配置を考える

やりたいことをするためには何が必要か、
間取り図に家具を書き込んで具体的に考えよう！

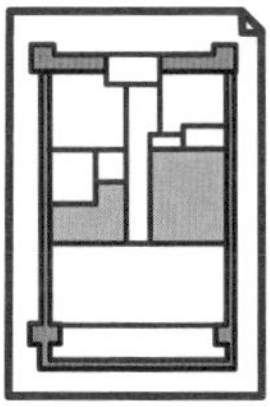

〈コーナーづくりのチェックポイント〉

- 収納したいものは、その家具に収まりますか？
- 「やりたいこと」をおこなうスペースは確保できていますか？

コンセプト

メモや間取り図など、ご自由にお使いください

おわりに

10年後、20年後も「ただいま!」って帰りたくなる家庭であふれた社会。

これは、ぼくがこの10年間、大切に掲げてきた目標です。

そのために、いろんなご家庭と向き合ってきました。


そのなかで強く感じることがあります。

「モヨウ替えは、家族で対話を重ねながら自分たちの未来を築いていくことなんだ」と。

それは部屋づくりという作業を通して、カウンセリングのように家族を内省することでもありました。


忙しく過ぎていく毎日。

キレイでスッキリとした完璧なお部屋を、維持し続けるのは難しい。

モヨウ替えを生業にしているわが家も、散らかり放題で「キー!」となる日も多いです。

無限に増殖していく子どものおもちゃを前にして、「なぜこんなに増えてしまったのか……」と絶望することもあります。

でも、そんなものだと思っています。

それよりは、子どものびのびと遊べて、家族それぞれが自分の物を自己管理できる状態であることを、わが家では大切にしたいと思っているからです。

あなたの家庭で大切にしたいことは、何でしょうか。

それを家族で探し始めるのが、みんなが「ただいま！」と笑顔で帰ってきたくなる家をつくる、最初の一歩になると思うのです。

さいごに。

これまで、ＮＰＯ法人ｔａｄａｉｍａ！を応援し、支えてくださった方々。講座やコーディネートを受けてくださった、たくさんのご家族。みなさまの応援のおかげで、ここまで活動を続けることができました。

何者でもない僕を見つけ、声をかけてくださった木下智尋さん。初めての執筆に苦戦するなか、さいごまで励まし、読者の視点に立って編集をしてくださったディスカヴァー・トゥエンティワンの大山聡子さん、安永姫菜さん。みなさんのおかげでこの本を世に出すことができます。

そして、最愛の家族である妻と娘へ。
いつだって心から寄り添い、笑い合えるふたりがいてくれるからこそ、ぼくは「家庭を大切にしていきたい」と疑いもなく信じることができました。

ここまで多大なるお力添えをくださった方々と、この本をここまで読んでくださったあなたへの感謝で締めくくりたいと思います。

本当に、ありがとうございました！

三木　智有

家事でモメない部屋づくり

発行日　2020年7月20日　第1刷

Author　三木智有
Illustrator　平松慶
Book Designer　吉村亮＋石井志歩（Yoshi-des.）

Publication　株式会社ディスカヴァー・トゥエンティワン
〒102-0093　東京都千代田区平河町2-16-1　平河町森タワー11F
TEL　03-3237-8321（代表）03-3237-8345（営業）
FAX　03-3237-8323
http://www.d21.co.jp

Publisher　谷口奈緒美
Editor　大山聡子　安永姫菜

Publishing Company
蛯原昇　梅本翔太　千葉正幸　原典宏　古矢薫　佐藤昌幸　青木翔平　大竹朝子　小木曽礼丈　小田孝文　小山怜那
川島理　川本寛子　越野志絵良　佐竹祐哉　佐藤淳基　志摩麻衣　竹内大貴　滝口景太郎　直林実咲　野村美空
橋本莉奈　廣内悠理　三角真穂　宮田有利子　渡辺基志　井澤徳子　藤井かおり　藤井多穂子　町田加奈子

Digital Commerce Company
谷口奈緒美　飯田智樹　安永智洋　岡本典子　早水真吾　三輪真也　磯部隆　伊東佑真　王廳　倉田華　小石亜季
榊原僚　佐々木玲奈　佐藤サラ圭　庄司知世　杉田彰子　高橋雛乃　辰巳佳衣　谷中卓　中島俊平　西川なつか
野﨑竜海　野中保奈美　林拓馬　林秀樹　牧野類　三谷祐一　元木優子　中澤泰宏

Business Solution Company
蛯原昇　志摩晃司　藤田浩芳　野村美紀　南健一

Business Platform Group
大星多聞　小関勝則　堀部直人　小田木もも　斎藤悠人　山中麻吏　福田章平　伊藤香　葛目美枝子　鈴木洋子

Company Design Group
松原史与志　岡村浩明　井筒浩　井上竜之介　奥田千晶　田中亜紀　福永友紀　山田諭志　池田望　石光まゆ子
石橋佐知子　齋藤朋子　俵敬子　丸山香織　宮崎陽子

Proofreader　文字工房燦光
DTP　株式会社RUHIA
Printing　シナノ印刷株式会社

ISBN978-4-7993-2633-6